日本文化生活20讲

主　　编　汤筱玲

编写成员　钟晓鸣　金春梅

合肥工业大学出版社

图书在版编目(CIP)数据

日本文化生活20讲:汉日对照/汤筱玲主编.—合肥:合肥工业大学出版社,2021.5
ISBN 978-7-5650-5334-4

Ⅰ.①日… Ⅱ.①汤… Ⅲ.①日语—中等专业学校—教材②文化研究—日本 Ⅳ.①H36

中国版本图书馆CIP数据核字(2021)第057110号

日本文化生活20讲

汤筱玲　主编　　　　责任编辑　权　怡　许璘琳

出　版	合肥工业大学出版社	**版　次**	2021年5月第1版
地　址	合肥市屯溪路193号	**印　次**	2021年5月第1次印刷
邮　编	230009	**开　本**	787毫米×1092毫米　1/16
电　话	基础与职业教育出版中心:0551-62903120	**印　张**	11.5
	营销与储运管理中心:0551-62903198	**字　数**	253千字
网　址	www.hfutpress.com.cn	**印　刷**	安徽昶颉包装印务有限责任公司
E-mail	hfutpress@163.com	**发　行**	全国新华书店

ISBN 978-7-5650-5334-4　　　　定价:38.00元

如果有影响阅读的印装质量问题,请与出版社市场营销部联系调换。

前　　言

该书是宁波外事学校日语专业的校本教材。在编写这本校本教材的时候，我们对宁波外事学校日语专业在读三个年级的学生做了问卷调查。调查结果表明：学生对日本文化的兴趣颇深。以前学生了解日本更多的是日本的地理、节日、衣食住行等，文字多、图片少，学生们对其中的很多内容并不感兴趣。本次教材编写时，力求，更贴近日本人的生活，可以使学生“走进”日本，看看日本人在日本吃什么、学什么、玩什么，了解日本人日常生活的方方面面。

该教材由学生感兴趣的20个话题组成，每个话题的标题都简洁明了、引人入胜，让学生对主要内容能够一目了然。我们还借鉴了日本参考书的模式，首先从日语的日常小对话引出话题，吸引学生去了解内容。其后，我们用中文全面地概括了每个话题的重点，可以让学生自主阅读，自主学习。话题重点在于最后的小专栏，小专栏的内容以日语为主，帮助学生提高日语能力。最后我们设置了挑战题，检测学生通过学习，是否能够拓展，能够应用。同时，还附带了每篇日语的中文翻译和布置的作业，以便更好地帮助学生自主学习。

本教材由汤筱玲担任主编，参与编写的人员分工情况如下：话题1、2、3、4、7、8、9、11、14这9个方面的内容由汤筱玲编写；5、13、15、17、20这5个方面的内容由钟晓鸣编写；6、10、12、16、17、18这6个方面的内容由金春梅编写；井田丰子对日语部分进行校对修改。汤筱玲拟定了全书的框架结构，并负责全书的修改、总纂及统稿。本教材的编者多少具有十多年丰富教学经验的日语骨干教师，在编写的过程中参考了网络有趣的新闻和关于日本概况等相关书籍，尽量完善这本校本教材的内容。由于作者水平有限，书中难免存在疏漏和不足之处，敬请广大读者批评指正，以便在日后进行修订与完善。

编者

2019年6月

目　录

1　日本ってどんな国?

まずはここから

真美：ねえ、ねえ。李君って日本へ行ったこと、ある?
李：ううん。いつか行ってみたいって、思ってるよ。まずは、東京かなあ…。
真美：東京はね、本当は「東京都」って言って、日本の首都で、本州にあるのよ。
李：へえ、そうなんだ。僕は何にも知らないなあ……。
真美：じゃ、これから一緒に日本のこと、いろいろ勉強しよう!
緒李：うん、そうしよう!

一、日本的位置

日本位于亚欧大陆东部、太平洋西北部，西临日本海，北接鄂霍次克海，隔海分别和朝鲜、韩国、中国、俄罗斯、菲律宾等国相望。日本的北海道有世界最著名的渔场之一——北海道渔场，其成因是千岛寒流与日本暖流交汇。

二、日本的面积

日本国土面积为37.8万平方千米左右，由北海道、本州、四国、九州和6800多个小岛组成。根据百度百科上的数据，日本的领土面积在全世界排在第62位，要知道世界上有近两百个国家，日本的面积能算得上是中上水平了。

三、日本的地形和气候

1. 日本的地形特征

日本的地形以山地和丘陵为主，国土的四分之三都是山地。日本列岛是由欧亚大陆板块与其他板块碰撞突起而成，山地成脊状分布于日本的中央，将日本的国土分割为太平洋一侧和日本海一侧，山地和丘陵占总面积的71%，大多数山为火山。国土森林覆盖率高达67%。富士山是日本的最高峰，海拔3776米，是日本最高峰，被日本人尊称为：圣岳(如图1-1)。

图1－1

日本的平原主要分布在河流的下游近海一带，多为冲积平原，规模较小，较大的平原有石狩平原、越后平原、浓尾平原、十胜平原等，其中面积最大的平原为关东平原。日本平原面积狭小，耕地十分有限，一些大的城市都是集中在此有限的平原地区。比如东京、京都、大阪等城市。

1）日本灾害多

世界各国都常见的地震、海啸、台风等自然现象因常侵害人类生命安全及社会而被称为灾害。而日本因位置、地形、地质、气候等诸多条件的原因使得日本经常受到地震、海啸、火山爆发、台风、豪雨等灾害侵袭，在世界上是少见的灾害大国，自然也会受到全球气候异常的影响。

图1－2

2）日本是火山大国

日本国土上目前有111座活火山。火山一旦喷发就会喷出大量岩石、高温的火山灰及岩浆，这些岩浆加上融雪、砂石泥土等地面物质便会形成融雪型火山泥流（如图1-2）。其中火山灰可以被风吹至数十甚至数百千米远，造成农作物及航空运输机的影响，使得空中交通停摆。另外，人若是吸入火山灰可能会造成呼吸困难，若是碰触到火山灰可能会造成皮肤发炎、发痒，将会对健康造成危害。

2. 日本的气候

日本以温带和亚热带季风气候为主，夏季炎热多雨，冬季寒冷干燥，四季分明。全国横跨纬度达25℃，南北气温差异十分显著。绝大部分地区属于四季分明的温带气候，位于南部的冲绳则属于亚热带，而北部的北海道却属于亚寒带。日本是世界上降水量较多的地区。主要原因包括了日本海侧地区冬季的降雪，以及夏季到秋季登陆或接近日本的台风。

日本有记载的最高温度纪录是40.9℃，于2007年8月16日在埼玉县熊谷市和岐阜县多治见市测得；有记载的最低温度纪录是-41℃，于1902年1月25日在北海道旭川市测得。

四、都道府县

日本的行政区划是都道府县，一共是：一都，一道，两府和43个县，一都是指东京都，也是日本的政治经济和文化中心，一道是指北海道，两府主要指京都府和大阪府也是日本关西主要地域历史和经济非常重要的地方，日本的县和中国的省差不多，共有43个县，所以日本的行政区划中共划分为47个部分。

1. 东京都

东京都（とうきょうと），日本的首都，日本三大都市圈之一东京都市圈的中心，也是广域地方公共团体（都道府县）之一，属于日本地域中的关东地方。它管辖了位于关东地区的东京都区部（东京23区）、多摩地方（市部、西多摩郡）、岛屿部（大岛支厅·三宅支厅·八丈支厅·小笠原支厅）。都厅所在地为新宿区。

2. 北海道

北海道（ほっかいどう），是日本47个都道府县中唯一的道，属于日本地域概念中的北海道地区，也是最北的一级行政区，为日本除了本州以外最大的岛，也是世界面积第21大岛屿，略小于爱尔兰岛。南以津轻海峡界本州岛，北以宗谷海峡界库页岛。札幌是北海道的行政中心以及最大城市。以札幌为中心，北海道形成了日本三大都市圈以外著名的札幌都市圈。

3. 大阪府和京都府

大阪府（おおさかふ），是日本近畿地方的都道府县之一，日本三大都市圈之一大阪都市圈的核心组成部分，属于日本地域中的近畿地方，其府厅位于大阪市。大阪府是日本近畿地方乃至整个西日本政治、经济、文化与交通中心。

京都府（きょうとふ）位于日本本州岛的中部，属于日本三大都市圈之一大阪都市圈的组成部分，属于日本地域中近畿地方的中央以北，北濒日本海，东接福井县、滋贺县、三重县，南邻奈良县，西与大阪府、兵库县接壤。呈由东南朝西北伸展的细长形状，由3种地形组成，分别是西北端的环绕着舞鹤湾的里亚式海岸，中部的丹波山地和东部的京都盆地。京都府是人口较多的自治体之一，是日本人的精神故乡，是日本文化的源点，是日本文化的象征之地。古都京都是根据历来王朝文化中盛行的日本式唯美意识所构建的。以神社、佛阁等历史建筑物，和庭院、绘画、传统活动、京都料理为代表，被称为“千年古都”。

日本的43个县相当于中国的省。分别为青森县、岩手县、宫城县、秋田县、山形县、福岛县、茨城县、栃木县、群马县、埼玉县、千叶县、神奈川县、新泻县、富山县、石川县、福井县、山梨县、长野县、岐阜县、静冈县、爱知县、三重县、滋贺县、兵库县、奈良县、和歌山县、鸟取县、岛根县、冈山县、广岛县、山口县、德岛县、香川县、爱媛县、高知县、福冈县、佐贺县、长崎、熊本县、大分县、宫崎县、鹿儿岛县、冲绳县。

コラム

日本について、知ってる?

日本は、北海道、本州、四国、九州、沖縄と、そのほか7000ほどの小さな島々で成り立っています。すべてを合わせると、日本の面積は約38万平方キロメートルほどです。日本は、皆さんの国・中国と比べると小さく見えますが、世界の200以上ある国々と比べると、その大きさは62番目になります。なので、世界全体から見ると、日本の面積は、実は広いほうに入るのです。ちょっと驚きですね。

日本と言えば、皆さんはすぐ、「桜、富士山、アニメ」などが頭に浮かぶかもしれませんが、日本はそれだけではありません。皆さんが知らないことが、まだまだたくさんあるのです。

さあ皆さん、これから日本についてもっと視野を広げていきましょう。そうすれば、日頃の日本語の勉強ももっと楽しく、興味深いものになるはずです。

では、一緒に、日本の今を知る旅へ、レッツゴー!

チャレンジ問題:

1. 日本語を勉強しようと思ったきっかけは何ですか。
2. あなたにとって「日本」と言えば、何ですか。
3. 日本のどんなことを知りたいですか。

2　栄養たっぷり日本の給食

まずはここから

太郎：ママ、今日の給食ね、すごくおいしかった。 母：そう。何食べたの? 太郎：カレー！僕が嫌いなニンジンさんや玉ねぎさんも、ちゃんと食べられた。あと、牛乳もおいしかった。残さず全部食べたよ。 母：そう、おりこうさんだったね!

一、給食って何？什么叫“给食”？

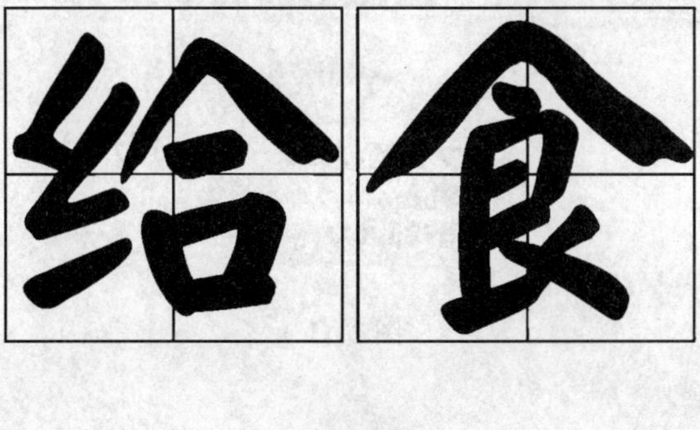

给食是汉语词语，拼音 gěishí，意思是供给食用。出自《墨子·号令》。在中国，我们把“给食”统称为校餐。

二、日本校餐的起源

日本的学校“给食”起源于1889年，当时主要是以那些贫困家庭的孩子为对象。随着国家逐渐富裕，1954年日本终于开始对全体小学生提供国家补助的午餐，家长只要象征性地缴纳一点费用。1956年，中学也开始提供午餐。考虑到国民的身高等问题，日本政府决定自1964年开始，各个学校给学生提供的午餐中必须有牛奶。随着食物种类的丰富，2003年5月，日本文部省又发出通知，今后学校的“给食”中可以没有牛奶，但必须保证食谱符合国际规定的营养标准。

学校在月初会将一个月的预定食谱让学生带回家，让家长知道孩子在学校吃了什么。每个学校的食堂都必须有营养师，所以学校的饭菜很注意鱼、肉、蛋、蔬菜、水果的科学搭配。

三、日本学校的“给食”福利吃什么？

昭和40年：咖喱浇汁面、牛奶（混合乳）、水果、糖醋拌菜、小块芝士（如图2-1）。

昭和60年：拌饭、泡菜风酱菜、牛奶、布丁、汤（如图2-2）。

我们可以看到日本学校的营养午餐，荤素搭配，很清淡，但是也很干净和有营养。虽然食物看起来很清淡，但是从孩子们吃饭的反馈来看，日本学校的餐食都被给予了很高的评价。而关于量的多少，其实他们都会根据孩子的饭量确定相对标准，不会让孩子贪多，如果你觉得吃不饱可以去添，但是一定不要浪费。这是个正确的教育理念。

图2-1

图2－2

四、日本学校就餐前孩子需要做什么?

日本学校一直都十分注重学生的自理能力和团队协作能力，所有学校的学生在进行午餐前，都需要自己动手，协作去完成午餐的搬运、分发、厨余、餐盘收拾等动作。他们对于卫生的要求也很高，不会因为是学生分餐而忽略卫生。所有参与分餐的孩子都要穿上白围裙，将头发用帽子包裹起来。

孩子们排队用消毒洗手液洗手，再根据自己的喜好，轮流排队经过餐区，整个过程几乎看不到大人，孩子们全都自己动手，并做到井然有序（如图2－3及2－4)。

图2－3

图2-4

五、日本学校的营养午餐都是由校长提前30分钟亲自试吃

日本学校的校长要亲自试吃午餐。这是为了“安心、安全”。对于家长和社会来说，无论你说多么漂亮的话让大家感到安心安全，都不及你坚持每天亲自吃一顿学生的餐食。古代都是随从给皇帝试吃，看有没有毒，如今日本学校的校长给学生试吃，可见其对学生的重视，对职业的敬重了。

六、吃不完的食物怎么办?

就算是自律的日本人，也是会挑食的。有些小朋友挑食，学校会给他们稍微减少校餐的量，当然最主要的是鼓励他们尽量吃完，以吃完为目标。学生们在归还餐盘的时候，全都是干干净净的。

コラム

今日も元気にいただきまーす!

日本の小学校や中学校には、お昼になると、栄養たっぷりの給食があります。給食の起源は、1889年に山形県の私立小学校が無料で食事を配ったのがルーツと言われています。最初は、貧困な家庭の子どもを対象として提供されていた給食ですが、日本の経済が発展する中、1954年には給食制度が正式に全国の小・中学校に広まり、全国の児童・生徒が給食を楽しむようになりました。保護者は、一日当たり200円程度の給食費を払えば、子どもの学校での食事の心配はいりません。

日本の給食制度は厳しい管理下にあります。まず、栄養士が、児童・生徒の健やかなる成長を第一に考えた栄養たっぷりの献立を考案します。次に、その献立にそって、できるだけ安心・安全な食材を購入します。中には、近くの農家と提携し、地産地消を目指す学校もあります。そして、食材が揃ったら、衛生管理がしっかり保たれた給食室で、調理師（給食のおばさん）が調理を開始します。調理は、手順も時間もすべて決まっています。調理師は、仕事をきちんと分担し、手際よく進めていきます。そして、正午頃になると、給食室の辺りからいい匂いがしてきて、児童・生徒は給食の時間が待ち遠しくてたまりません。

そして、いよいよ給食の時間です。まず全員、手洗い場へ行って、石鹸できれいに手を洗います。給食当番は、エプロン、三角巾、マスクをして、給食室へ行き、皆で協力し合って、給食や食器を教室まで運びます。そして、教室に戻ったらすぐに配膳の準備をします。準備ができたら、給食当番以外の児童・生徒は、自主的に列に並んで、給食を受け取ります。入学したての1 年生の教室には、最上級の6 年生のお兄さんやお姉さんが、給食の配膳に行きます。

給食の時間は、ただ給食を食べるだけでなく、「自分たちのことは自分たちでやる」、つまり、自主性を育てる時間でもあります。そして、人と協力し合うことや助け合うことの大切さも学んでいくのです。また、食べる前に「いただきます」、食べ終わったら「ごちそうさまでした」と挨拶をしますね。これは、大自然、食べ物、そして、調理してくださった給食のおばさんへの感謝の気持ちを込めた言葉です。

さて、問題です。給食ができて、最初に食べる人は誰でしょうか。答えは、校長先生です。校長先生は、給食の配膳前に試食し、給食の安全・安心を確かめているのです。すべては児童・生徒のためなのです。

さあ、皆さん、給食の準備が整いました。みんなでおいしく頂きましょう。では、大きな声で、「いただきまーす!」。

チャレンジ問題

1. 皆さんの小中学校には給食がありましたか。どんなメニューのとき、わくわくしましたか。

2. 日本と中国の給食の類似点と相違点をノートに書いてみましょう。

3. 「Chef ~ 三ツ星の給食」という日本のテレビドラマを見て、日本の給食制度についてもっと深く知りましょう。

3　日本の高校の部活動

まずはここから

龍：おい、放課後、ゲームセンターへ行かない?
修：悪い。俺、部活あるんだ。
龍：ああ。そういえば、もうすぐバスケの全国大会だよね。君はバスケット部のエースだもんね。頑張れよ！
修：うん、頑張るよ！じゃ、またな。
龍：おう！・・・ああ、つまんね~。俺も部活に入ろうかな。

一、日本的高中社团

在日本，初中、高中和大学一般都是有学生社团的，学生社团活动丰富多彩，如文学社、校报（校刊）、天文社、动漫社、辩论社、合唱团、器乐社和舞蹈队等（如图 3－1、

3－2）。本章主要介绍的是日本的高中社团。这些社团活动都是以学生为主，由学生自己策划开展活动，自己招募社团成员，由社团组织者起草社团章程、发起招募社团成员。当然，这些社团开展活动是要获得校方的大力支持的，每次开展活动前，要填写社团活动策划书，在保证安全的前提下方能开展活动。高中学校一般会为每个社团配备一到二位指导老师，指导提高社团活动的质量和水平。

图3－1

图3－2

二、日本高中社团的种类

日本高中社团的种类丰富多彩，具有很强的创设能力。

1. 体育类社团

日本的学生一般都会在初、高中参加体育类社团。比较热门的有棒球社，因为日本人特别喜欢打棒球，所以每个学校必有棒球社。其他还有篮球部、足球部、网球部、田径部、游泳部、羽毛球部等。当然还有具有日本特色的空手道部、柔道部、射箭部、击剑部等（如图3－3）。

图3－3

2. 艺术类社团

日本提倡素质教育，重视学生全面发展。除了体育社团外，还有很多艺术类社团。比如声乐部、舞蹈部，还有播音部、戏剧部、书法部、茶道部、插花部、象棋部、围棋部、天文部、动漫部等，社团的种类繁多（如图3－4、3－5）。

图3－4

图3－5

二、如何加入自己喜欢的社团

社团一般在每年3月底至4月初，即新生入学的时候招揽新社员。由于近年不少学校为招揽更多国际学生而开放秋季入学，也为了不让4月未能加入社团的同学带着遗憾等到明年，有的社团会选择在9月底再次招新。

社团招新的时候整个校园人声鼎沸，校园里摆满了自制的海报板，也有许多老社员四处分发传单与宣传册，见到对宣传略感兴趣的新生便“两眼放光”，恨不得立即将对方的名字写入社团的花名册里。

三、日本高中社团的问题

参加社团活动对学生有很多的好处。不仅丰富了自己的课外生活、发展自己的兴趣、找到志同道合的朋友、扩大自己的交友圈等，最重要的是锻炼了自己的能力，对于以后走上社会有一定的帮助。但是，即使在这样华丽的外表下，高中社团也仍然存在很多的问题。

1. 教师压力比较大

对学校而言社团活动是打响学校知名度的方式之一，特别是运动和音乐性社团，因为比赛多风评又好，所以学校提供的资源也多。在日本高中，运动系社团数量大大超过其他社团。对老师而言指导社团活动虽然几乎没有额外收入，但是带得好的话就有利于老师的升迁，所以压力也是很大的（如图3－6）。

部分教师也会因为社团带得好被挖到其他名校。对学生而言，社团活动是未来入学的加分管道，也是在校内建立人际关系的途径，但是也因为这样的循环，衍生出相当多的弊病。

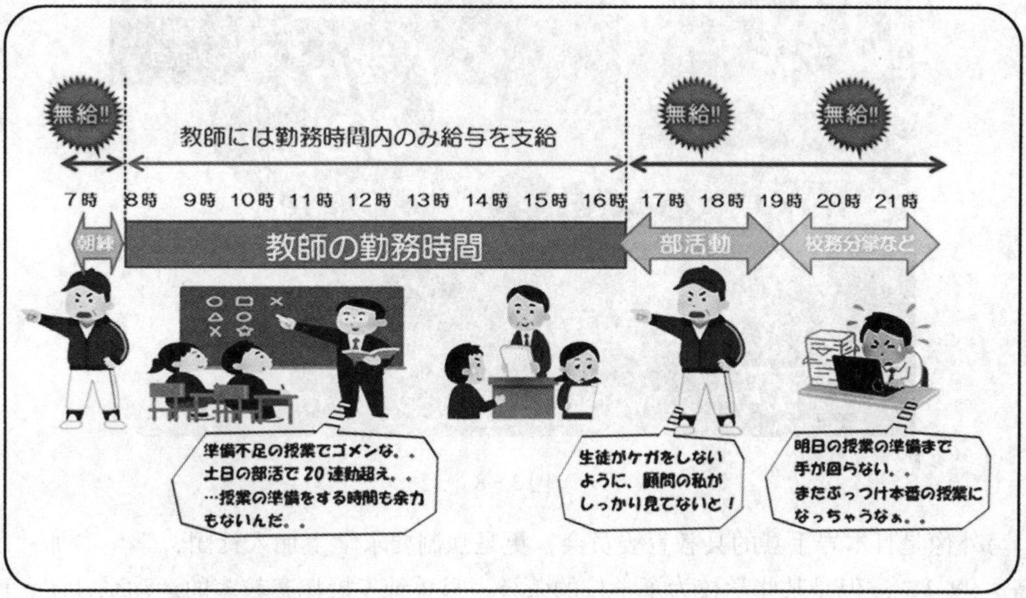

图3－6

比如说神奈川县国中的运动系社团，调查发现高达77.6%的学校是每个礼拜只有一天或以下（也就是完全无休）不用参加社团练习（如图3－7）。

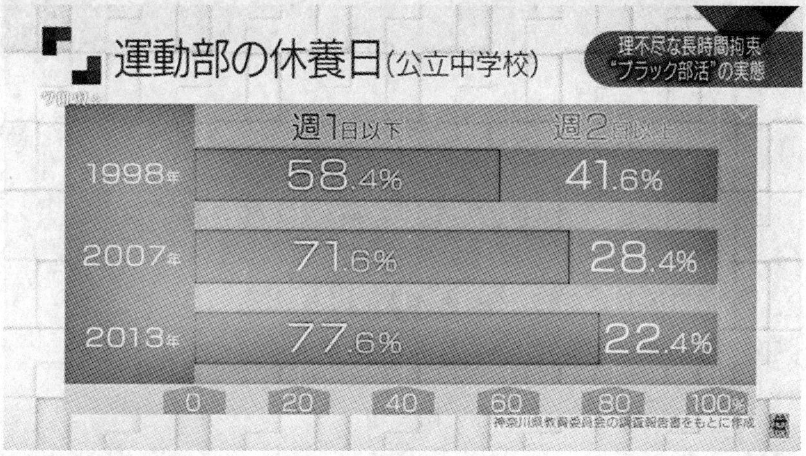

图3－7

2. 学生压力大

参加社团活动不能随便请假，请假会让大家觉得你偷懒，没有恒心，逃避活动，从而给大家留下不好的印象。

因为在校的大多数时间都是和社团的同学在一起，班上同学互动少，退出社团以后，会发现班上其他人都有自己的交际圈（社团），自己在学校会被孤立（如图3－8）。

图 3-8

另外像是日本岩手县的县教育委员会，更是强制要求学生加入社团，学生参加社团比例高达99.1%。但是某些学校为了学校的荣誉，只单纯发展比赛较多的运动系社团；而静态文化社团往往变成其他学生聚集的场所，这些学生只被要求留在学校不去外惹事，导致那些运动成绩不太好的孩子，也硬着头皮加入运动系社团（如图3-9）。

图 3-9

对运动没兴趣的孩子来说，要他每天早上六点到八点晨练、下午三点到六七点参加社团活动是痛苦的。这些孩子因为运动能力原本就差，注定没办法当上比赛的正式选手，又因为被强制参加而导致人数过多，连候补选手都当不上。往往成为捡球手，甚至会被社团顾问和其他同学霸凌，最后导致其不愿去上学。

四、留学生与社团

对于学日语的留学生来说，对日本的高中，甚至大学的各种社团还是充满了期待的。

参加每个社团都会有详细的活动时间安排，除了常规活动，许多社员在课外也会组队进行与社团内容相关的自主练习。为增进社员间友谊，饮酒会（飲み会）之类的活动也很常见。不过由于日本规定20周岁以下属于未成年人，不能喝酒，因此居酒屋通常也会提供饮料。另外，社团常常会在假期组织社员们一起旅行，在远离校园的地方放松心情，同时继续社团活动与练习。这些对于留学生来说也是一种提高口语能力的机会。

コラム

わくわく、高校の部活

日本の学園もののドラマやアニメを見ていると、よく「部活動」のシーンが出てきます。部活動とは、主に、中学校や高校で放課後に行われる運動や文化的な活動のことで、略して「部活」と言います。部活は強制ではなく、生徒が自主的に入部を希望し、入部届を出し、入部が認められると、いよいよ部活の開始です。

部活の種類は多彩です。例えば、体育系で言うと、野球部はほとんどの学校にあります。それは、野球が日本の国民的スポーツだからです。他にも、バスケット部、サッカー部、テニス部、水泳部などは、常に人気の上位を占めています。文科系なら、ダンス部、ブラスバンド部、かるた部、書道部、茶道部など、学校によって多少違いますが、本当に様々な部活があります。

特に、日本の高校の部活は、学生が中心となって自主的に活動していますが、各部活には必ず顧問の先生が一人ないし二人います。夏の風物詩の一つ、「夏の全国高校野球大会」に出場するような強豪チームの場合、外部から監督を招くこともしばしばです。時に、体罰が大きな社会問題になっている昨今、行き過ぎた指導が問題視されることもありますが、裏を返せば、それだけ生徒を思っての愛の鞭（むち）なのかもしれません。もちろん、何があっても生徒に手を上げてはなりません。また時には、素人の先生でも、部活の顧問になることがあります。責任者不在であれば部活ができないからで、その場合、生徒たちがやる練習を、陰で見守る役目を果たします。ところが、顧問自身はその運動をやったことがなくても、指導力に秀でた場合、全国制覇という偉業を成し遂げることも、夢ではありません。

部活をやっている生徒は、日々練習を積み、選手に選ばれると試合に出ることが許され、勝っても負けても、かけがえのない経験をすることができます。たとえ、試合に出られなくても、チームメートを応援し、喜びや悔しさを共に分かち合うことができるのです。また、部活に入ることで、クラスメートだけでなく、学年を越え、一生付き合っていける仲間との出会いも、きっとあるはずです。

一方、昨今、部活にまつわる問題点がいくつも出てきたのも事実です。例えば、朝練、放課後の練習など、一日の練習量が多すぎて、学業に支障が出たり、体を故障する生徒が出たり、また、毎日練習するのが基本ですが、ずる休みをしたり、無断で何日も休んだりすると、脱落者や裏切り者扱いにされ、それがいじめに繋がることもあるのです。

よい点も問題点も両方ありますが、やはり部活は、生徒の心や体の鍛錬となる素晴らしい場ではないでしょうか。日本に留学しようと思っている皆さん、将来、日本へ行って、もし機会があったら、日本の高校や大学の部活に、また、地域のクラブ活動やサークル活動に、参加してみてください。日本人の友だちができ、日本語の会話力もアップするかもしれませんよ!

チャレンジ問題

1. 皆さんの学校に部活がありますか。どんな部活がありますか。
2. 日本の部活との類似点と相違点を話し合ってみましょう。
3. どんな部活に入部してみたいですか。それはどうしてですか。

4　気持ちい～いお風呂

まずはここから

母：花、お風呂沸いたよ。
娘：は～い。すぐ行く。（ぐずぐず）
母：何やってるの。早く入って！お風呂、気持ちいいよ。
娘：うん、わかってる。花、今日、ママと一緒に入る。
母：もう、しょうがないな。じゃ、一緒に入ろう！

一、お風呂って何？什么是“风吕”？

風呂（ふろ）原意是澡盆的意思。所以日语中「お風呂に入る」是说进入澡盆中，也就是洗澡的意思了。但是日语中的「お風呂に入る」与我们所说的洗澡还是有一些区别的。接下来本书会慢慢为大家介绍。

二、日本的泡澡文化

1. 日本人泡澡文化的历史背景

日本是一个比较重视清洁的国家，“泡澡”是日本人生活中不可或缺的一部分。该国不仅温泉产业发达，泡澡、洗澡的传统也由来已久，与洗浴有关的产品和产业也十分发达。泡澡作为日本人的传统之一，有许多特殊功效，如去除疲劳，放松身心，也是一种特殊的“社交活动”。日本希望借此让世界更加了解他们的泡澡文化，了解泡澡的好处，从而也能够开拓更多的商业空间（如图4－1）。

图4－1

2. 日本人喜欢泡澡的原因

根据《日本国家概况》记载，日本是亚洲季风地带的亚热带地区，四周被海包围，是温和、降水量较多的海洋性气候。日本国土南北狭长，气温差距很大。然而在高温多湿的地区，人的体质会变弱，抵抗力会下降，通过每天泡澡，保持身体清洁，同时也能达到远离疾病的效果。悠闲地在浴池里泡澡放松身心，也能起到养生效果。泡澡有以下好处：

一是通过温热的泉水解除疲劳。泡在温泉里，暖和身体，使血管舒张，促进血液循环。可以排出体内废物，消除疲惫。

二是通过水压促进血液循环。泡澡会使腰部受力，通过受力，帮助腿下的血液向上循环至心脏，促进心脏活动，加强血液循环。而且横膈膜受到水压影响，肺容量减小，呼吸加快，从而增强心肺机能。通过这些作用使体内细胞活性化，增强免疫力。

三是通过浮力放松身心。泡澡时水漫过肩，由于浮力的作用，可以使平时支撑体重的所有肌肉与关节得到放松，舒缓了紧张情绪，减少脑部刺激。全身心得到充分放松，心情也会变好。泡澡有以上这么多好处，日本人在充分享受的同时也增强了体质。

3. 日本人泡澡的方式

不同于欧美国家为了颜值不考虑清洁后果的泡泡玫瑰浴，“日本人”的泡澡行为显得更加科学，并且有可持续性，比如说先淋浴后泡澡的沐浴流程，不仅让泡澡水可以循环使用，清洁浴缸也格外省力。

下班回家先泡澡还是先吃饭？想要减肥的朋友，正确答案是“泡澡”。选择什么时间泡澡和你要达到什么样的效果有直接关系。如果为了提高瘦身效果，可以选择先泡澡后吃饭，原因主要是饭前泡澡能够有效消耗热量。另外，放洗澡水的时候，往浴缸中加入密封的瓶装水，除了可以快速加满水，还能节约不少水费，这也是大家心照不宣的泡澡小秘诀。更厉害的是，还有人发明了24小时浴缸，浴缸本身带有循环自净功能，不需要换水，只要通上电源，就可以随时随地泡澡。

对日本泡澡调查数据的显示，40%的人在热水中泡澡坚持不到十分钟。其实对半身浴（38～40℃的水温）来说，泡20分钟更能够起到促进夜晚的深度睡眠和改善肌肤干燥的效果。它不仅能减少胃液分泌量，还能增加饱腹感从而减少后续的进餐食量。

泡澡的正确顺序：

（1）进入浴缸前请先冲干净全身

不管是在家里泡澡，还是去公共澡堂、温泉，都要先将身体的污垢冲洗干净，才能进入汤池里。

（2）洗干净后，拿勺子用热水冲身体

洗净身体后，用勺子盛装温泉水，从脚缓缓往上冲到脖子，让身体慢慢适应热水、温泉水的热度，才不会在跳进浴缸后，造成身体无法负荷、血压剧烈上升。

（3）缓缓进入浴缸、汤池，从“半身浴”开始慢慢适应水温

不要看到汤池就很兴奋，一骨碌地就跳进池中。要先从腰部以下浸在水中的半身浴开始，这样对心肺的冲击才不会太大，在浴池中不要大声嘻笑，要安静地享受泡汤乐趣。

（4）慢慢进入“全身浴”阶段，让全身感受热水、温泉的魅力

将肩膀以下的身体都泡入热水中，将头部轻轻靠在池边，能舒缓平日累积的肩颈酸痛，手跟脚可以轻轻在水中活动，帮助全身血液循环。

（5）离开浴缸、汤池，不要马上用浴巾擦干身体

泡澡泡到额头开始微微出汗时，就应该离开汤池了，如果是泡温泉的话可以先让温泉的矿物质成分停留在身体肌肤一小段时间，不用急着擦掉，当然，如果是敏感性肌肤的人担心会过敏，可以马上擦干。

四、走进日本澡堂

日本的“澡堂”已经不再是人们日常生活中的一部分，它渐渐成为老城区的风俗历史，有些澡堂还登陆了有形文化遗产，成为日本文化的代名词。虽然现代家庭内洗浴设施已经普及，但澡堂和澡堂文化还在继续。

如果去日本旅行，不如到“澡堂”体验一下当地文化，不过去澡堂之前要先了解一下澡堂的礼仪，希望所有人都能享受到泡澡的愉悦氛围。

最近“超级钱汤”特别受到欢迎。“超级钱汤”除了温泉，还提供各种桑拿服务。价格根据不同的店是不一样的，一般500～2500日元。需要注意的是身上有刺青的顾客可能会被店里谢绝泡澡，因为刺青容易让人想到犯罪集团，有刺青的人需要在该澡堂的官网确

认能否泡澡。另外患有心脏病、肾病，或出现发烧症状时等须向医生咨询后才能使用澡堂。遇到刚喝完酒、走路不稳容易在澡堂摔倒的、身上有伤口、女生生理期等状况，需避免细菌感染以及卫生等问题，不得使用澡堂。

下面介绍澡堂礼节（如图4－2）：

图4－2

（1）携带发圈（但是不需要穿泳衣，日本的公共澡堂也是裸身进入）和毛巾。更衣室一般有大小毛巾，小毛巾是澡堂清洗身体的。一般旅馆有准备沐浴套装，去澡堂需自己准备。

（2）进澡堂需要脱鞋，不要在澡堂奔跑，以免滑倒。

（3）入浴前请把自己的身体洗干净，浴池是暖和身体的地方，切莫在浴池中游泳、打闹，也不要把毛巾放进浴池（如图4－3）。

图4－3

（4）使用完小椅子、木桶之后用水冲洗干净放回原处，因为在澡堂泡澡大家都是全裸的，所以禁止将玻璃等易碎物品带进澡堂内。

五、日本泡澡文化申遗

日本洗浴相关产业的负责人在2015年7月23日宣布，将为日本“泡澡”文化申请世界非物质文化遗产。为此，日本产业界还专门成立了一个“HOT JAPAN（热日本）”项目推进组织，并计划在东京奥运会之前实现这一目标，该组织目前已经吸纳了21家公司和财团法人参加。此外，该组织还专门开设了网站，并与有关温泉疗法领域的专业医生开展合作，共同举办与泡澡相关的学习会等。同时还设立了“舒适泡澡周”，在日本各地组织举办相关的推介活动。

コラム

あ~、いい湯だな~~！

皆さんは、日本のお風呂に入ったことがありますか。ホテルや旅館で、また、友人宅などにお邪魔したときなど、お風呂を体験したことがあるのではないでしょうか。日本でお風呂と言えば、各家にあるお風呂以外に、町中（まちなか）にある昔ながらの銭湯、今流行りのスーパー銭湯など、いろいろあります。いずれにせよ、日本人にとって「お風呂」は、何よりの楽しみの一つです。一日が終わり、外から帰って、お風呂にゆっくり浸かると、その日の疲れがとれ、勉強や仕事で疲れた体が癒され、まるで天国のような心地よさになるのです。雪の降る寒い静かな夜のお風呂も、たくさん汗をかいた真夏の夜のお風呂も、共に格別です。また、その日の気分により、入浴剤を入れたり、アロマを焚いたりしながら入るのも、リラックス効果大と言えるでしょう。

一昔前と違って、どの家にもお風呂場、つまり浴室がありますが、時には大きい湯船に入りたくて銭湯に行く人もいます。また最近では、大江戸温泉物語やほの湯（広島）のように、一日過ごせて、まるで遊園地のような多機能施設の銭湯がとても人気です。一人で行くのもよし、家族、恋人、会社の仲間と行くのもよし。そこには、何種類ものお風呂があり、休憩所にはマンガ本がずらりと揃えられ、お腹が空けば食事もでき、各種マッサージも充実しています。休みの日になると、一日中そこでのんびり過ごし、心や体をリラックスさせるという人も、少なくありません。

では、日本のお風呂（個人宅）の入り方を簡単に説明しましょう。まず、お風呂に入る前に、洗い場（浴槽の外）で体を洗います。お風呂のお湯はみんなが使いますから、お湯の中で体を洗ってはいけません。それから、お湯に入り、体を温めます。ただ、長く浸かり過ぎるとのぼせてしまいますから、適度にお湯から上がりましょう。最後に、お風呂から出る時ですが、お湯を抜いてはいけません。

日本はとても礼儀正しい国です。もし、日本へ行って、日本人のお宅でお風呂に入る機会があったら、ルールやマナーをきちんと守りましょうね。そして、お湯に浸かって一言どうぞ。「あ～、いい湯だな～～!」。

チャレンジ問題

1. 中国にも銭湯や温泉がありますが、入り方はどうですか。日本とどこか違うか発表しましょう。

2. 日本の銭湯に入ると、その壁一面に、日本を代表する「ある絵」が描かれています。ある絵とは、さて何でしょうか。

3. 疲れた時、どんな方法でリラックスしますか。

5　浴衣は夏の風物詩

まずはここから

渡辺：馬さん、今度の休みに花火大会があるそうよ。
馬：花火大会？へえ、行ったこと、ないなあ。
渡辺：よかったら、いっしょに行かない、浴衣着て。
馬：うん、行きたい！けど、浴衣持ってないんだ。
渡辺：じゃ、これから買いに行こう。

一、浴衣って何？　什么叫“浴衣”？

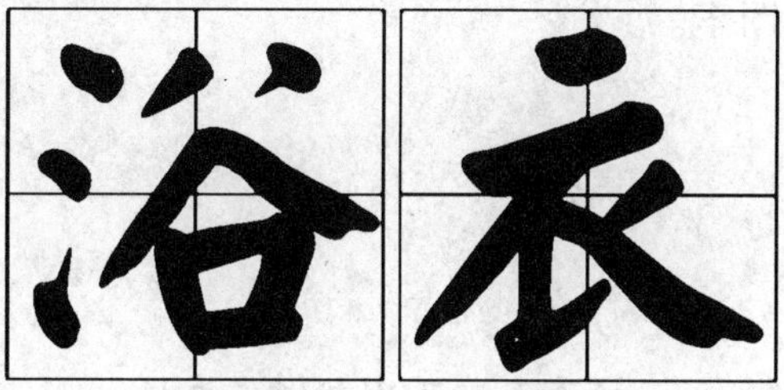

浴衣是念作“ゆたか”，罗马音 yutaka，浴衣是和服的一种，为日本夏季期间的一种较为轻便的和服。顾名思义，浴衣是与沐浴有关的衣着，在日式旅馆中，浴衣也是泡过温泉或沐浴后常见的衣着。浴衣亦常见于日本夏季期间各地祭礼、节日及烟花大会中。

二、浴衣的历史

在安土桃山时代，日本已流行在沐浴后穿着可吸收皮肤水份的「汤帷子」类衣着，至江户时代成为日本百姓爱好的一种衣着，并演变成今日的浴衣。其日语名字：浴衣则是「汤帷子」的简称。浴衣亦可念成「よくい」，但其意思不同，指的是入浴时所穿的衣服。

三、浴衣的款式

浴衣是一种令人凉快的衣着，与其他日本传统衣着相似，浴衣有直线的缝接与宽阔的衣袖。但与较隆重的和服不同，浴衣是以棉质而非丝质或合成纤维制成。

传统的浴衣大部分以蓝色染料染制的棉布制成，但现在的浴衣颜色选择已变得多元化。花纹一般选用夏季的动植物。通常较年轻的穿着者会选择颜色较鲜艳及花样较多的图案设计，较年长的人士则会选择较深色及较简单的图案设计，这点与和服相似。以前在祖母和母亲的指导下各个家庭自己制作浴衣，但现在会做浴衣的人已经凤毛麟角，大部分人都是在百货商店或和服店购买了。

四、浴衣的穿法

浴衣无论男女均可以穿着。在日式温泉旅馆中，旅馆通常会为住客提供浴衣，一些人甚至穿着浴衣外出逛街或到餐馆进食。穿浴衣通常需要以布质的腰带系着，以防止浴衣敞开，如沐浴后穿着浴衣，一般只需以简单的腰带系着。穿浴衣时，一般会配以日式木屐。

五、浴衣与和服之不同

浴衣与和服的区别在于：和服面料高档，穿法极其复杂，一般用于正式场合；而浴衣则大多是布料，属于简易的和服，价钱比和服便宜很多，所以日本人到了夏天都会穿着浴衣，参加一些民风的节日，如盂兰盆节、花火大会等。浴衣作为日本夏季传统服装，在色彩和花式的搭配上，都尽量体现夏天清凉的感觉。蓝底、紫底与白底是最常见的，配以金鱼、烟花、蝴蝶等可爱的图案。

コラム

浴衣を着て出かけよう！

浴衣は、もともと湯帷子（ゆかたびら）と言っていたものを、略して浴衣と言うようになりました。江戸時代以前、お風呂というと、お湯につかるのではなく、蒸し風呂でした。そこに、麻の湯帷子を着て入るのが習わしでした。「浴衣」という漢字は、その由来を物語っていると言えるでしょう。

江戸時代になると、木綿が庶民の間に広まり、入浴後に木綿の浴衣を着るようになりました。当時、浴衣は人前で着るものではありませんでしたが、今や浴衣はファッションの一つとなり、その種類は多く、色もデザインもとてもきれいです。夏になると、お祭りや花火大会などの各種イベントが開催され、老若男女を問わず、浴衣を着て出かけていきます。また、夏のデートには、浴衣を着てそぞろ歩く恋人たちの姿も見受けられます。浴衣は、夏の風物詩の一つと言えそうですね。

他にも、浴衣と言って連想するのは、温泉宿です。温泉宿の部屋には、浴衣が用意してあります。最近では、自分で好きな浴衣を選べる宿もあります。ゆっくり温泉に浸かったあと、浴衣を着て、自由に館内を歩き回ることができます。食事のときも、庭を散歩するときも、また、近くの商店街にお土産を買いに行くときも、浴衣のままで構いません。ただし、浴衣を着る時、気を付けなければならないことがあります。それは、「前身頃の左側を右側の上にする」ということです。逆にしてしまうと、死んだ人に着せる死に装束になってしまいます。

さて、皆さんに朗報です。今、日本には、観光客が浴衣や着物を一日レンタルできるサービスがあります。自分が着たい浴衣を選んで予約し、当日お店に行けば、着付け・髪の結い・お化粧をセットでやってくれるので、手軽に気軽に日本の浴衣が体験できます。日本の商品を爆買いすることも旅行の楽しみの一つですが、買い物に疲れたら、浴衣を着て、京都や奈良の古都を散策してみてはいかがでしょうか。

チャレンジ問題

1. 日本の浴衣を着るなら、どんな浴衣を着てみたいですか。
2. 日本の浴衣と中国の漢服を比べてみて、類似点と相違点を挙げてみましょう。
3. もし皆さんがデザイナーだったら、どんな浴衣をデザインしますか。絵に描いてみましょう。

6　日本の国民の祝日

まずはここから

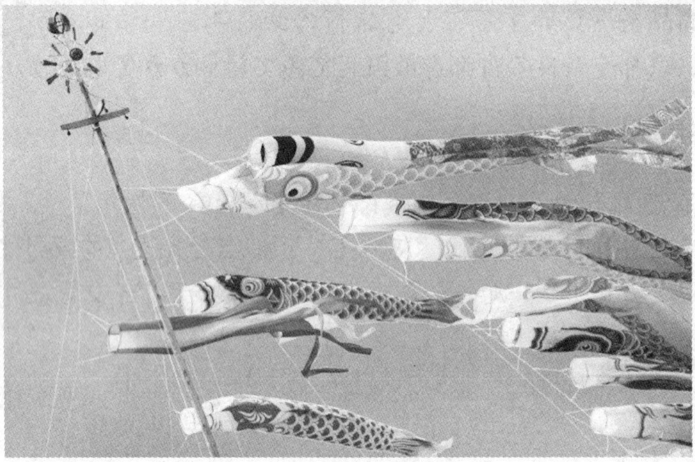

山田：明日は「こどもの日」ですね。息子に何買ってやろうかな。
李：え、こどもの日？まだ5月でしょう？
山田：ええ、日本は、5月5日が「こどもの日」ですよ。
李：へえ、知りませんでした。中国は、子どもの日は6月1日ですから。
山田さん：なるほど。

一、国民の祝日

每个国家都有自己的法定节假日，日本也不例外。在日本，法定节假日都统称为“国民の祝日”，并且有它独特的仪式与过法。日本的法定节假日比中国要多一些，下面给大家介绍几个主要的节假日。

1. 元旦（元日）

元日，即元旦，也就是日本的新年。日本人过去是和中国人一样过农历新年的，但是近代以后他们修改了历法，新年也改为了西历的1月1日，是一年当中最重要的节日。

迎接新一年的来临对日本人来说是一件大事，从 12 月下旬开始，家家户户就把里里外外打扫得干干净净，有些人家还在门前上方悬挂一根绳子，它意味着不让外面的“脏东西”进门。有的人家还在门前摆放“门松”，迎接常绿的松神，来祈祷家族兴旺。装饰松枝的时间是 1 日至 7 日，这一期间也叫“松之内”（如图 6-1）。

图 6-1

元旦早晨，全家从年幼者到年老者依次排列喝屠苏酒，共尝青鱼子、黑豆以及稍带甜味的酱油煮小干鱼、年糕汤等。据说这些象征吉祥的食物会带来子孙繁荣、身体健康（如图 6-2）。

图 6-2

新年中小孩会从长辈那里收到“压岁钱”，在这个假期里，人们要给他们的子女以及亲戚的孩子一些零用钱，日语叫做“お年玉”。这是玩具店铺最繁忙的季节，因为他们要吸引儿童来花掉他们的“お年玉”。新年里，孩子们还喜爱玩日本式纸牌、放风筝、拍羽毛毽子等。

而大人们则在12月开始就互送新年贺卡（如图6－3），邮局要保证所有的贺卡会在元旦早上送到人们手中。贺卡是代替登门拜年、用来传达新年问候的卡片，日本人每年都要寄出上百张的贺卡。随着计算机的普及，打印机逐渐代替了毛笔。但是客气的日本人为了表示礼貌，即使是打印的贺卡也要亲笔添写上一句表示吉利、鼓励，或者报告近况的话。跟中国一样，日本的贺卡也带有抽奖的号码。

图6－3

新年的3天时间，很多人到附近的神社去参拜。人们祝愿一年里家庭成员身体健康、生意兴隆。初次参拜的方法是先投入香钱，然后撞响铃，拍三下手后敬礼。

2. 成人节（成人の日）

成人节是那些法律上被承认为“大人”、年龄满20岁的男女接受祝福的节日，是日本非常重要的传统节日之一（如图6－4）。在成人节这天要身穿传统服装参加官方或民间团

图6－4

体为他们举办的成人仪式，内容包括年轻人宣誓、长者的祝贺和参拜神社以及参加各种传统的文娱活动等。从此之后，他们有选举权和被选举权，并且可以吸烟、喝酒和结婚，而违法则要负全责。

成人节本来是每年1月15日，从2000年开始改为每年1月的第二个星期一。这是因为政府考虑到三连休会增加人们旅游、娱乐及购物的机会，从而改善日本的经济情况。成人节每年会给日本带来一定的经济效益。

3. 男孩节（子供の日）

与中国6月1日的国际儿童节不同，日本的儿童节日期是5月5日。为了祝福家中的男孩健康、快乐，这一天会用纸或布做成色彩鲜艳、形状像鲤鱼的彩带，然后把这些彩带串在竹竿上，并和金色的风车绑在一起，挂在屋顶上（如图6－5）。之所以这样做，是因为日本人相信鲤鱼最有精神和活力，希望家中的男孩都能像鲤鱼那样，因此这一天又被称为“鲤鱼日”。同时，日本的父母这一天也会在家里放置玩偶，但却都是武士装扮，样子很可怕。

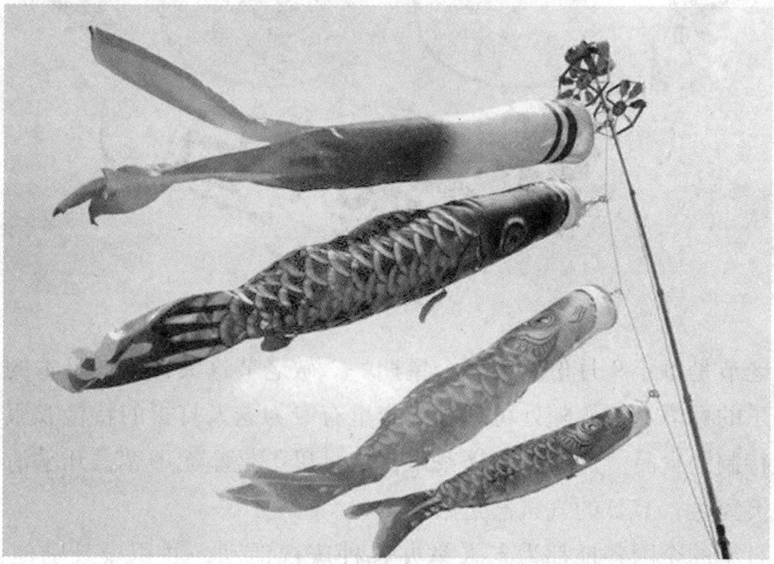

图6－5

那么家中有女孩的怎么办呢？其实也有一个3月3日的女儿节，是希望女孩子健康成长的节日，也叫人偶节、桃花节。只不过这一天并不是法定的节假日。

有女孩子的家庭，这一天会摆上人偶跟白酒、菱饼（黏糕）、桃花等来表示庆祝。精巧的人形娃娃的摆法是很讲究的，一般摆人形娃娃分为七个阶级，分别是：

第一阶是一对天皇与皇后的宫廷人形；第二阶是三名宫女，手执酒、酒杯及酒壶；第三阶是演奏音乐的五人乐队；第四阶是随从，外貌为一老一少的大臣；第五阶是三名仆人；第六阶通常摆些小型嫁妆用家具；第七阶是牛车、笼、轿子等。女儿节一般需要15个人形娃娃、七阶的台子，加上其他饰品，价钱不菲。一套普通的人形娃娃起码15万～

50万日元，更昂贵的高达100万日元。所以近年来有不少人购买只有天皇及皇后的一阶台子，或是一套放在玻璃箱里的小型人形，价格相宜，也方便摆设。

摆饰时间通常都在3月3日之前一二个星期里的吉日开始。最重要的是，一过3月3日就要赶紧把人形收起来，否则，人们相信，这会影响到女孩子的婚期，将来女孩子会很难嫁出去。

4. 敬老节（敬老の日）

日本有一个类似于中国“重阳节”的尊老、敬老、爱老的节日——“敬老节”，尽管民族不同，方式也不相同，可祝福老年人幸福快乐、健康长寿的愿望是一样的（如图6-6）。

图6-6

日本的敬老节是每年9月份的第三个星期一。敬老节这天，走在日本的大街小巷，祝福老人节日快乐的标语、横幅随处可见。商店里有专为老人打折的特价衣服，饮食店里也有专为老年人特制的食品。而一些酒楼茶市，节日里更是座无虚席，几乎清一色的全是老人们在一起谈笑风生，节日的气氛甚是浓厚。

这一天，日本的全国各地都为老人举办各种庆祝活动，并积极鼓励他们参加各种活动。70岁以上的老人都会获得由政府颁发的敬老金，而且这一天被政府规定为法定节假日，甚至连股市也暂休。所以，儿女们再也找不着“繁忙”的借口，纷纷带着孩子返回家中陪伴老人，献上一片心意。他们带父母下馆子、泡温泉、看电影，勾勒出了一幅幅其乐融融的和谐画面。

5. 体育节（体育の日）

在日本，10月的第二个星期一是体育节，其主旨是“亲近运动，培养健康的身心”。1964年10月10日，第一次在日本的首都东京举办了国际奥林匹克运动会。为了纪念这一天，1966年体育节被正式确立，直到1999年，体育节都在每年的10月10日举行，但是从2000年开始，政府为了考虑到三连休会增加人们旅游、娱乐及购物的机会，从而改善日本的经济情况，把体育节改成每年10月的第二个星期一。

在这一天前后，学校、工作单位和地区都举办“运动会”或“体育节”。不仅仅是青少年和壮年，小孩和老人都能找到与其相适应的运动，另外还有亲子运动，发动全家人一起参与，场面十分壮观。每年都会有很多的体育赛事在位于东京都文京区的公园举行，在这里，人们可以在电脑的帮助下，对自己的体力进行检测，还可以从健康顾问那里得到一些有益于身体健康的提示。

6. 文化节（文化の日）

11月3日是“文化节”，它作为“爱好自由和平，发展文化”的日子，在1948年被定为国民的休假日。

这一天会在皇宫里进行文化勋章的授予仪式，以表彰为文化的发展作出特别贡献的人。除此之外，还表彰一些各界的文化功臣和各类受奖者。

另外，在这一天的前后几天里，学校和许多地区都要举行文化节、艺术节等。

7. 文化祭（文化祭）

文化祭又称学园祭，指在校园中出现的类似于对外开放的文艺节的节日活动，大致分为班级展与社团展。班级展多是以班级为单位，学生们在摆摊现场做些小吃出售，也可以把自己或家里不用的或有趣的东西拿出来出售，出售价格一般为50～1000日元；而社团展多是以社团为单位，进行比赛、游戏、出售自制品或出售社刊等活动。各种各样稀奇古怪的社团层出不穷，其娱乐性也吸引了不少人的眼球。

同时，文化祭与动漫有着密切关系，不少动漫会引用文化祭题材。较为知名的有：《名侦探柯南》《网球王子》《水果篮子》《夏目友人帐》等。

8. 勤劳感谢节（労働感謝の日）

看到这个假日的名字，可能会联想到中国的“五·一劳动节”，以为是用来感谢所有勤劳工作的人的。其实在日本，勤劳感谢日并不是要感谢勤劳工作的人，而是感谢五谷丰收，感谢神灵恩惠的秋季收获节（如图6－7）。

图6－7

这一天在古代的时候被称为「新尝祭（にいなめさい）」，是由天皇亲自品尝新穀，并向神灵表示感谢之意的祭典。在古代，没有现代工业，农业是国家最主要的生产力，几乎所有的国民都从事农业生产，每年谷物能否收获是事关生死的大事。所以人们一般会有在春天祈祷丰收，在秋天感谢收获的习俗，这在古代中国也是一样的（如图6-8）。

图6-8

日本人吃饭前说“いただきます”，意为“我要吃饭了”，也表示感谢神灵赐予人类食物的寓意。信奉基督教的人吃饭前也会进行饭前祷告，感恩上帝赐予食物。世界上其他国家和民族也都有属于自己的丰收文化，以庆祝丰收，感谢粮食的来之不易。

コラム

祝日、どうやって過ごす?

日本の「国民の祝日」は、1年間で16日あります。祝日の日数が一番多いのは5月で、3日あります。4月の終わりから5月のはじめにかけて、昭和の日（4月29日）、憲法記念日（5月3日）、みどりの日（5月4日）、こどもの日（5月5日）と休みの日が続きます。祝日が日曜日と重なると、その翌日が振替休日となり、長い連休になるので、「ゴールデンウィーク」と呼ばれています。

勤め人や児童・生徒・学生などは、祝日を歓迎している人が多いでしょう。休みの日になると、家族や友人とゆっくりショッピングや外食を楽しんだり、レジャーを楽しんだりできます。3連休ともなると、遠くへ旅行に出かける人も多いようです。そのためもあるのか、もともと1月15日に決まっていた「成人の日」は1月の第2月曜日に、

9 月 15 日だった「敬老の日」は9 月の第 3 月曜日に、10 月 10 日だった「体育の日」は 10 月の第 2 月曜日となり、それぞれ、土曜日から休める人にとっては嬉しい3 連休となるのです。日本経済にとっても歓迎すべきことであります。

一方、接客業やサービス業に従事する人の中には、休日出勤の人も多数いて、休日は平日と比べ何倍も客や交通量が増え、それに比例して仕事量も疲労の度合いも増え、大変です。

また、母親の場合は、家族が休みで家にいれば、普段は簡単に済ませる昼食もちゃんと用意をしなければならなかったり、家でごろごろしている夫や子供が邪魔で掃除もちゃんとできなかったりと、いつもの生活のリズムが乱れ、早く休みが終わってくれないかと、心密かに願っているかもしれません。

さて皆さんは、祝日を楽しみにしていますか。祝日になると、どうやって過ごしていますか。

チャレンジ問題

1. 中国にはどんな祝日がありますか。
2. 中国と日本の祝日の過ごし方は同じですか、違いますか。
3. 日本には「こどものためのお祝いの日」が3つあります。さて何でしょうか。インターネットなどで調べて発表しましょう。

7　話してみたい方言

まずはここから

のぞみ：ああ、しんどいわ。
康子：え？いま、何て言ったの？しんどいって、どういう意味？
のぞみ：疲れたって意味の方言よ。
康子：へえ、おもしろいね。今度、教えてよ、方言。
のぞみ：ええよ。

一、日语里有多少方言？

学习日语的人都知道，我们书本里所学到的是日本通用的语言——标准语，或者共通语，是以东京方言为基础的。当然，跟中国一样，日本也有很多方言，大致可分为东部方言、西部方言和九州方言，又可以进一步分为北海道方言、东北方言、关东方言、东海东山方言、八丈岛方言、北陆方言、近畿方言、中国方言、云伯方言、四国方言、丰日方言、肥筑方言和萨隅方言等。

由于教育和大众传媒的推广，日本的共通语普及程度很高，即使说不好的人也能听懂。虽然方言听起来很亲切，但大多数的日本人在与别人进行事务性交往的时候，或在比较正式的场合中，都使用共通语。外国人学日语时都是学共通语（东京方言）的，方言一般局限于家人或同乡人之间的谈话中，电视、电影和小说里也不时会用上方言来达到娱乐效果，或是使人物形象更为生动。

二、盘点日本男性认为最萌方言

1. 京都方言

京都是日本的古都，到处都散发着浓郁的历史气息，所以京都的方言也被认为是优雅而正统的方言。

京都方言发音速度较慢且多用长音，并且敬语十分发达，是一种优雅的语言。此外，在日本“方言女子”评选中，京都方言当选第一名。很多网友称赞说京都方言的女孩腔调充满朝气，很有格调，很可爱，还有网友称她们语调丰满，非常顺耳。此外，也有人表示“京都出身的有个叫森田凉花的偶像，一口京都方言非常可爱。”

2. 大阪方言

说起关西大阪，大家一定想到的是《名侦探柯南》中的服部平次和远山和叶。

虽然大阪和京都都属于日本关西地区，但两地方言却多少有些不同。与优雅的京都方言相比，大阪方言更添了几分豪爽粗野，但也令不少人感到十分亲切和可爱。而且，大阪话听起来很活泼开朗，如果是内向女孩说大阪话的话，前后反差会让人感觉很萌。也有人指出：“大阪话就像听相声似的，非常有趣。”

「~やねん（大阪方言常用语尾，表解释之意）」为代表的大阪方言在电视上经常被搞笑艺人使用。比起普通话，大阪方言似乎更能拉近人与人的距离。而有很多女性认为，说着一口大阪方言的男性即便是随便说几句话，听起来也十分有趣。

3. 博多方言

博多拉面，这个食品大家应该不陌生，想不到随着拉面的风靡，博多方言也被大众认同。

博多方言在日本男生中具有很高的人气，虽然博多方言说起来似乎不太礼貌，但不懂博多方言的人听到却会被吸引并觉得“很可爱”。博多方言听起来很温柔，很女性化，而且带有一种让人回味无穷的可爱感，也是一种能把日本男生迷得神魂颠倒，治得服服帖帖的语言。不少日本男性表示：“博多方言词尾非常可爱”“男性的博多方言听起来僵硬，但女性说的话就显得柔和”（如图7－1、7－2）。

图7-1

图7-2

许多男性表示，说博多方言的女性很令他们心动。「好いとう（喜欢）」「今なんしようと？（在干什么呢）」「どげんしたと？（怎么了）」这些柔软而略带撒娇之意的博多话颇能抓住异性的心。

4. 广岛方言

广岛方言很可爱，虽然有些发音会显得有些男性化，但从女性之口说出也是别有一番韵味的。像这种霸气略带娇柔的方言，很多男性确实是招架不住的。还曾有日本男性表示："歌手组合 Perfume 的三个成员有时候会说广岛方言，让人感觉非常可爱。（如图7-3）"

三、盘点前3名日本最受欢迎方言

虽然当外国人学习日语的时候都是以"东京标准语"为主，不过你一定听过在日本各地有不同的方言和说话方式。以往"方言"一词经常令人将一般日本农村（田舍）或是

图7－3

带有乡土感（ダサい）的印象联想在一起，但是随着数年前「方言女子」一词出现，令人对方言的看法大大改观。方言本身的独特性、新鲜感、充满人情味加上可爱的尾音瞬间令异性心跳加速。

以下本书将介绍近年来被票选出听起来“最可爱方言”的前3名，同时学习一下当地人的说话方式：

1. 第3名：大阪方言超可爱的「ほんま」

大阪方言也可称为关西腔。许多日本人都觉得大阪方言的「ほんま」听起来很可爱！意思就是标准语“本当”（真的），当你到大阪当地时经常会听到这个词语。不过其实「ほんま」在大阪以外的地方也会使用，你也可以多留意电视上来自大阪的艺人说话方式，口音听起来相当亲切！

以下介绍使用大阪方言的告白对话（如图7－4、7－5）：

女：“我真的好喜欢你噢！”标准语说法为“本当に好きだよ”。使用上大阪方言可说成“ほんまに好きやで”或是“めっちゃ好きやねん！付き合って一や”，意为“我真是太喜欢你了，我们交往吧！”

男：“那是真的吗？”一般会说“それ本当なの”，使用上大阪方言可说成“それほんまなん”。

图7－4

ひょうげんのちがい

東京（とうきょう）		大阪（おおさか）
ありがとう	⇒	おおきに
いくら		なんぼ
いい		ええ
だめ		あかん
ほんとう		ほんま

图7－5

2. 第2名：京都方言超可爱的「してはります」

「してはります」就是“～しています”（正在做～的意思），京都人相当客气，所以通常会使用一般敬语“ます”作为对话。许多日本人觉得京都方言独特的语尾音给人优雅的感觉又带点可爱感，说话的方式与速度听起来也很舒服。

来看看京都日常甜蜜的对话：

女：你现在正在做什么呀？一般说法为“何してるの”，使用京都方言可说成“何してはりますの”。

男：我正在带狗狗散步呀！“犬が散歩しているよ”，使用京都方言可说成“犬が散歩してはるわぁ”。

3. 第1名：福冈方言超可爱的「~やけん」

福冈方言也可称为博多腔。「~やけん」是标准语“~だから”（因此、所以的意思），句头或句中都可以使用。福冈人的说话腔调语尾经常会加上“~けん”，例如：已经要睡觉了哟！（“もう寝るね”），使用福冈方言可说成“もう寝るけん”。若正好是来自博多的美女又加上这种特殊的方言，经常令其他地方的日本男子心跳加速，觉得这真是无法招架、太可爱啦（如图7-6）！

图7-6

来看看在福冈如何将朋友升级为恋人的对话：

若是你想告诉对方你很喜欢他，然后希望对方与你交往时一般会说：“好きだから私と付き合って”，使用福冈方言可说成“好きやけんうちと付き合うて”，“だから言ったでしょ”使用福冈方言可说成“やけん言うたやろ”。

四、学习人气方言

既然京都方言被喻为最美方言，让我们一起来学习一下京都方言。

早上好：おはようさん

普通话：おはよう

多谢：おおきに

普通话：ありがとう

打扰了：ごめんやす
普通话：おじゃまします
再见：さいなら
普通话：さようなら
小心：きぃつけよしや/きぃつけてなぁ
普通话：気をつけて
对不起：かんにんしてなぁ/かんにんどっせ/すんまへんなぁ
普通话：ごめんなさい
对不起：すんまへん
普通话：すみません
加油：おきばりやす/おきばり
普通话：頑張ってください
欢迎光临：おいでやす/おこしやす
普通话：いらっしゃいませ

コラム

いま、なんばしよっと？

私たちが勉強している日本語は、東京方言をもとにして作られた標準語、あるいは共通語です。日本には47の都道府県があり、それぞれ独特なアクセントやイントネーション、また、方言があります。あるアンケート調査によると、日本人男性が一番かわいいと思う方言の上位は、京都弁、大阪弁、博多弁、そして、広島弁だそうです。

皆さんが、標準語以外で最も耳にしたことがある方言は、大阪弁や京都弁ではないでしょうか。それらはまとめて関西弁と言います。関西弁の中心は何と言っても大阪弁で、大阪は、人口も東京都に次いで二番目に多いので、それだけ大阪弁を話す人がたくさんいるというわけです。また、テレビを付けると、たくさんのお笑い番組が放送されており、関西出身のお笑いタレントも大勢出てきますので、大阪弁を耳にする機会は多いと思います。そう言えば、人気アニメ「名探偵コナン」の中の探偵・服部平次も、生粋の大阪弁を話していましたね。一方、京都では、はんなりとした京都弁です。京都と言えば、舞妓さんが有名ですが、舞妓さんが話す京都弁は、発音のスピードが遅く、独特かつ優雅で、観光客に人気があるようです。

皆さんが日本へ留学して、それが日本の関西方面なら、最初は関西弁がわからず戸惑うはずです。しかし、その環境に慣れるにしたがい、聞いてわかるようになり、また、話せるようにもなります。留学生活が終わる頃には、標準語より関西弁を上手に操っているかもしれません。最初は、ただおもしろいと思い、真似して使っていた方言に、だんだん愛着を覚え、最後にはその方言に魅了される、それが方言の持つ魅力ではないでしょうか。

最後に、日本語を勉強している皆さんに一言。方言は、本当に微笑ましいものです。なので、各地方の方言を、一つ二つ話せるようになるといいでしょう。しかし、将来、日本語を使って仕事をしようと思うなら、方言ではなく、標準語の日本語をしっかり身に付けておく必要があります。特に、日本語の先生になりたいなら、標準語は必至です。よって、方言は、趣味程度に留めておくのが、よろしゅうおます（京都弁）。

チャレンジ問題

1. 中国には方言がいくつぐらいありますか。知っている方言を言ってみましょう。
2. 一番習ってみたい日本の方言は何ですか。どうしてですか。
3. 知っている日本の方言を使って、簡単な会話を作ってみましょう。

8　ご当地ゆるキャラ

まずはここから

花子：ねえ、ねえ。「ゆるキャラ」って聞いたことある?
太郎：ゆるキャラ?
花子：「ゆるいマスコットキャラクター」の略よ。
太郎：へえ、そうなんだ。じゃ、くまモンもそうだよね。ほかにどんなゆるキャラがいるのか、教えて。
花子：オッケー。

一、千奇百怪的日本各地吉祥物

日本有47个都道府县，每一个都道府县，都有着属于自己的“吉祥物”（如图8－1）。

图8－1

1. 吉祥物的起源

吉祥物最初起源于人类趋吉避凶的原始本能，人们希望通过一些图案或者物件给自己带来好运。而在日本，人们真正将吉祥物文化发挥到了极致，日本吉祥物文化的核心精神只有一个字，那就是“萌”。

日本的吉祥物文化开始于20世纪80年代，当时各地热衷于举办地方博览会，来宣传当地的历史文化、旅游资源和商品特产。有人建议设计一个拟人化的吉祥物形象来代表本地区，并以此来吸引游客。事实证明，这些萌态十足的吉祥物确实起到了非常好的宣传作用。从此，吉祥物文化便在日本全国迅速蔓延开来，甚至火遍了全球。

2. 日本人喜欢吉祥物的原因

吉祥物的魅力应该就是名字里的“让人感觉轻松的能力”吧。对于疲于复杂人际关系的现代人来说，什么都不说、目不转睛守护着你的吉祥物是一种让人治愈的方式。在现今社会中，人们开始追求人类以外的感情来填补内心，移植感情。本来，朋友等人际关系应该有充足稳定的情感，但是因为越来越淡的人际关系所以很难满足。因此，人们开始追求朋友、家人的替代品——吉祥物了（如图8-2）。

图8-2

而且，日本从古代开始就有泛神论——不仅仅是动物、植物，岩石、大山、河川等都是有灵魂的。在古代就认为万物有灵的日本，它的神话或民间故事中，连物品也拟人化了，赋予了它们人物形象。正是有着这些历史的日本人，对于创造出拥有人类特质的吉祥物，以及无论什么都能变成人物形象的现象是没有抵抗心理的。所以，这也是“吉祥物”大增的原因吧。

图8-3　ぐんまちゃん

二、日本知名的吉祥物

1. 群馬県（ぐんまけん）（如图8-3）

谐音群马的县名，是一匹小马的形象。年龄永远是7

岁，特技是变身。ぐんまちゃん在之前获得过日本吉祥物投票的第一，在日本国内人气很高。

2. 滋賀県（しがけん）彦根市（ひこねし）（如图8-4）

这也是谐音彦根市的市名而来，关于该吉祥物原形的构思是一只带了兜甲的猫咪（但并不是猫），最早登场于彦根城400周年的纪念活动，后来深受喜爱就成了彦根市的吉祥物。ひこにゃん算是比较早期就非常有名吉祥物了，爱好是在彦根城周围散步。

图8-4　ひこにゃん

3. 熊本県（くまもとけん）（如图8-5）

想必大家已经熟悉得不能再熟悉くまモン了。くまモン在2011年被授予熊本县营业部长兼幸福部长，成为日本第一位吉祥物公务员。粉丝们喜欢称其为熊本熊或部长。

4. 千葉県（ちばけん）船橋市（ふなばしし）（如图8-6）

图8-5　萌熊くまもん

图8-6　ふなっし

ふなっし想必大家也很熟悉了。ふなっし并非船桥市的官方吉祥物，最初是由个人设计并展开活动（关于这个“个人”有很多种传言，其中传得最多的是一个千叶县内的杂货店店主），一开始似乎为了得到政府官方承认做了许多努力，由于各种原因一直没有获得官方头衔，但不知不觉中ふなっし的知名度已远远超过了官方。现在这个“非官方”已经成为一个梗了，船桥市政府也每年开玩笑地宣布“今年又不承认你！希望你以非官方的身份自由地展开活动”。

5. 茨城県（いばらきけん）（如图8－7）

茨城县的特产是纳豆，ねばーるくん就是以纳豆为原型创作的吉祥物。ねば（黏）る在日语里是黏的意思，就是取纳豆黏黏的特征而来——吃过纳豆的人都知道，纳豆因为黏所以可以用筷子拉得很长，也因此ねばーるくん有两个形态，图8－7右边是它的拉长型。

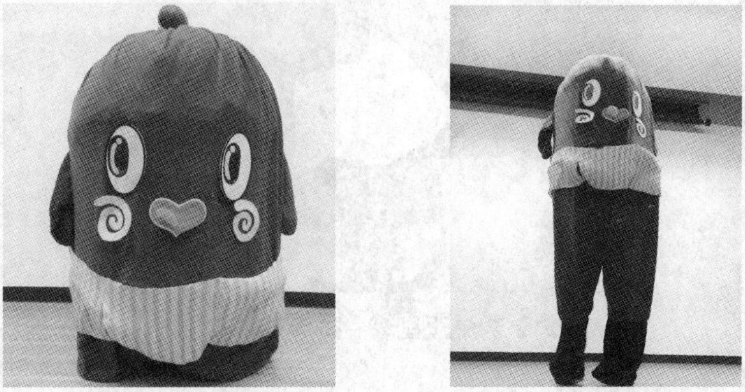

图8－7　ねばーるくん

三、被人们熟知的吉祥物

1. 熊本熊（如图8－8）

2015年，这只能卖萌、能耍贱的有腮红的熊，横空出世，仿佛在一夜之间就红遍了网络，然后各种各样的表情包层出不穷，直到今天依然人气不减当年。

熊本县位于日本九州，这里有壮丽的火山口，有广袤的熊本草原、阿苏高原，有盛产海鲜的明海，有400年前的城下町，还有高耸百年的熊本城，总之，是个旅游资源非常丰富的地方。但是，却一直没有什么名气，不要说中国人了，大多数日本本国人都对这里没什么印象。直到熊本熊部长大人的横空出世，才带红了这个原本籍籍无名的小县城。

图8－8

根据日本银行的计算，熊本熊出道的头两年（2011—2013 年），它就为熊本县带来了 1244 亿日元的收益（约 76.3 亿人民币），熊本县也一跃成为热门旅游地。

2. 茶茶王子

大家对宇治抹茶一定不陌生吧。

它的产地就是京都府的宇治市——源氏物语故事的主要舞台，这里不仅有闻名的宇治抹茶，还有世界文化遗产寺庙平等院，可以说是一个有点童话色彩的城市。

所以，它的吉祥物——茶茶王子也（如图 8－9）非常带有幻想的气质，他是茶茶王国的第 88 代王子，头上的王冠是茶道的时候用来搅拌抹茶的茶筅。

图 8－9

既然是茶茶王国，肯定还有很多的“住民”，每一只都是宇治茶文化的一种体现（如图 8－10）。

图 8－10

3. 懒蛋蛋（如图 8－11）

这只小蛋黄，是由日本知名文化企业三丽鸥（Sanrio）设计的，名字来自“gude”

(代表 goo-deh) 这个词，它是用于描述某些东西或某种没有能量或力量的日语拟声词，以及来自 tamago 这个词的 “tama”，意思是日本的鸡蛋。全名是ぐでたま，顾名思义就是缺乏活力的鸡蛋。

其实就连红遍全球的 Hello Kitty 也是出自这家公司，而谈起这只小蛋黄，它是由三丽鸥里的设计师永嶋瑛美在一次煮早餐打开蛋壳的时候，发现蛋黄和蛋清流出来的时候很黏稠，因此她将蛋黄变成了可爱的“生物”。

后来，日本很多地方都出现了以它为主题的餐厅、商店，甚至是公共浴场，像有一家位于静冈县的ぐでたま主题浴场，入口处的招待便是蛋黄吉祥物。

图 8－11

4. Hello Kitty（如图 8－12）

Hello Kitty 中文名为“凯蒂猫”，凯蒂猫也是人们非常熟悉的吉祥物了。可以说每到一个地方旅游我们都可以看到各个地方的关于 Hello Kitty 的各种小玩意。

据日本媒体报道，诞生于日本的 Hello Kitty 今年迎来了 40 岁生日。你可能会惊讶，这只受全世界大朋友小朋友喜爱的萌猫，已经是阿姨级人物了。

图 8－12

日本娱乐圈公认的头号 Hello Kitty 迷、女星山村红叶曾说："Hello Kitty 最大的魅力就是她没有嘴。正因为没有嘴，从她的脸上可以看出许多表情。她高兴着我的高兴，悲伤着我的悲伤。她既是我的知己，也是恋人、孩子，对我来说，她是无可替代的存在。"

四、吉祥物排行榜大赛

在吉祥物的高人气下日本还为此成立了专门的委员会来管理各地的吉祥物，并从2010年起创办吉祥物总选举大赛。

每年的总选举基本都会有上千个吉祥物参赛，大赛分为地方竞争单元和企业竞争单元，前者备受关注。在这场全国性的大赛上夺得冠军，意味着极多的曝光机会，对地方的宣传部门来说，是一次非常好的推广机会。

大赛自开赛以来，一直为人们展现着一份质朴的初心。实行委员会会长西秀一郎作为大赛举办方的代表还为人们带来了这样的口号：

让吉祥物为各地方带来活力！

让吉祥物为公司带来活力！

让吉祥物为日本带来活力！

回顾2010—2019年的赛事，不难看出日本的吉祥物种类实在是五花八门，每一个角色的设计也取材自不同的区域文化。吉祥物大赛不仅是一场视觉盛宴，更是一个文化派对。除了熊本熊之外，日本高知县须崎市的观光大使 Chiitan、在日本有着「桔子故乡」之称的爱媛县的「小桔子」、来自「大葱的故乡」——深谷县的小深……只需一眼便能够让人立刻明白它们所代表的当地特色。

コラム

「ゆるキャラ」に癒されたい

日本には47の都道府県があり、各都道府県にはご当地「ゆるキャラ」がいて、大人気です。都道府県以外にも、現在、1500 体以上の「ゆるキャラ」が存在し、埼玉県には、なんと100 体以上いると言われています。今や、どんなテレビの人気タレントより、世間で注目を集めている「ゆるキャラ」ですが、なぜこんなにたくさんの「ゆるキャラ」が誕生し、多くの日本人の心を掴んだのでしょうか。

まず、「ゆるキャラ」の定義について簡単に説明します。「ゆるキャラ」とは、「ゆるいマスコットキャラクター」を略したものです。ゆるいとは、「力の入れ方が弱い。ゆったりしている」という意味で、そこから転じて、「見ているだけで可愛くて癒される」というような意味になっています。そして、地域おこし、各種キャンペーン、特産品の紹介など、都道府県や市町村の情報 PRや、会社・企業・団体のコンセプトや商品をわかりやすく説明・紹介するのに使用されるのが、マスコットキャラクターなのです。

「ゆるキャラ」が多くの人に愛される一番の理由は、その名の通り、「ゆるさ」にあるのではないでしょうか。昨今、複雑で多様化する人間関係に疲れた現代人にとって、ただ自分のそばにいてくれる「かわいいもの」は、癒しとなります。本来、家族や友人と一緒にいることで覚えた安らぎは、稀薄化する人間関係においては、なかなか手にすることができません。そのため、家族や友人の代替物として、ペットやキャラクターが求められるようになったのかもしれません。

また、日本では、古くから、動・植物、自然の木、岩、山、川などに精霊が宿っていると考えられてきました。そんな神話や民話も数多くあり、その中には、擬人化されたドジやヘマをする神様や動物たち、また、身の回りのものが登場します。そんな歴史を持つ日本人だからこそ、人間的な特徴や性格を合わせ持つキャラクターを生み出すことに何の抵抗もなく、それどころか、得意分野だったのかもしれません。そんなわけで、日本でたくさんの「ゆるキャラ」たちが誕生したのではないでしょうか。

さて、「ゆるキャラ」大国日本では、毎年、「ゆるキャラランキング大会」が行われ、投票によって人気の「ゆるキャラ」が選ばれています。「ゆるキャラ」ブームは、今後ともまだまだ続きそうですね。さて、皆さんの一番好きな日本の「ゆるキャラ」は、何ですか。

チャレンジ問題

1. 日本の「ゆるキャラ」の中で一番好きなのは何ですか。
2. 中国にはどんな「ゆるキャラ」がいますか。
3. 「ゆるキャラ」がいるのといないのとで、何か生活に変化がありますか。

9　迷ったら日本の薬局へ

まずはここから

由紀：ああ、グロスなくなっちゃった。
和美：じゃ、近くの薬局行こうよ。私、のど痛いし、ちょうど風邪薬を買いに行こうと思ってたとこ。
由紀：行こう、行こう。近くに薬局があって、すごく便利ね。
和美：ほんと、ほんと。それに、薬局には何でも揃ってるから…。
二人：私たち、薬局、大好き！

一、什么都有的日本药妆店

日本药妆店，已经不仅是日本人常去的地方，也是游客们的最爱之一。药妆店一般都会有种类丰富的药品、化妆品、日用品以及食品饮料等。有许多店铺还可以使用优惠券等来进行购物。店员大多有着丰富的知识储备，可以迅速帮助顾客找到需要的商品，也会在商品选择上提供各种建议。

1. 药妆店的化妆品

药妆店的化妆品可以说能撑起日本化妆品的半边天。和百货等化妆品店不同，日本药妆店都是本土化妆品为主，除了护肤品之外，卸妆、洗面奶、彩妆等产品俱全，价格亲民，受到国内外顾客的喜爱。

2. 药妆店的药

药妆店是由西药房演变而来，药品自然占据着霸主地位。药妆店一般都有专业的药剂师，如果你有哪里疼痛，可以向药剂师咨询买什么药。药妆店一般有三类药：第一类是对日常生活有副作用的药品，一般是新药，药剂师有义务告诉你成分和副作用，没有药剂师的药妆店不允许贩卖这类药品。第二类没有第一类严重，但是也需要药剂师告知详情。第三类可以直接销售，比如我们很熟悉的小林制药的药。第三类药的治疗效果也是非常好的，不仅成年人，小孩子的感冒药也大受欢迎，像白兔止痛药的药效灵，副作用低，这些都是顾客的首选。

3. 药妆店的其他商品

日本生活的便利性体现在各个角落。除了药品和化妆品，药妆店还经营日常用品，比如说洗发水、洗衣粉、丝袜、陶瓷刀等，甚至零食、饮料都有贩卖。总之进去了就不会空手出来，只有你想不到的，没有你买不到的。

二、不可不知的日本十大药妆店

如果你有机会去日本留学或者旅行，你就有必要了解一下日本比较有名的药妆店了。

1. 松本清（如图 9－1）

マツモトキヨシ（松本清）相信不少人也认得这个店名，以及他们黄色蓝色的店铺外观。作为全日本最大型的药妆连锁店，包括东京市内 147 间，全国一共 652 间分店，大部份车站附近都会找得到。分店通常为一整栋楼，或两至三层不等，面积较大，药品、化妆品一应俱全。但提醒大家，松本清各分店的价格没有统一，街头和街尾两家店价格会有不同，记得注意价格！

图 9－1

2. Sundrug 薬妝店（如图 9－2）

サンドラッグ（SUNDRUG）坐拥 399 间分店，各个闹市区都能找到。药品和化妆品都有售卖，中等价格，也不时会有减价。

图 9－2

3. SUGI 薬局

SUGI 薬局集团是以日本的三大都市圈东京、大阪、名古屋为中心，全国约有 1000 家店铺的大型药妆连锁店。店内有受欢迎的化妆品、医药品、健康食品和饮料等商品，价格合理，丰富齐全。全店可以使用信用卡购物，一部分店铺可以使用银联卡。

4. クスリ オーエス（OS Drug）

クスリ オーエス（OS Drug）主力售卖平价药品，而且经常送试用品，因而很受欢迎。共 38 分店，最为人熟知的一间位于上野的阿美横町。

5. ぱぱす（Papasu）

ぱぱす（Papasu）是商业区比较常见的药品店，东京都内有超过 100 间，店内会有驻店的药剂师提供专业意见。想要买药的朋友就可以更加放心地选购适合自己体质和需要的药物。

6. クスリの龍生堂薬局

クスリの龙生堂药局是以售卖药物为主的老字号药局，价格虽然比较高，但分店大多位于闹市。光新宿就有 15 间店！地理上有绝对优势，去旅行的朋友可以很容易找到。

7. 東急ハンズ（TOKYU HANDS）

全店有近一万种商品，从化妆品到色彩缤纷、琳琅满目的各种生活杂货，样样俱全。铺面面积都很大，足够吸引你逛个半天。TOKYU HANDS 可是红得连我国台湾和新加坡都已经设有分店了。

8. ranKing ranQueen6

ranKing ranQueen 的 6 间分店分别位于不同车站的地下街，贩卖化妆品、护肤品、零食和书籍等类型的杂货。该店设有「注目商品排行榜」，听说日本的女生都爱以此作参考。经过的朋友不妨进去看看日本最新最流行哪些妆品！

9. @ cosme store

一年一度的「@ cosmeベストコスメ大赏」，评审化妆品的公信力可说是日本数一数二，店内售卖的都是经评选后最受推荐的商品。

10. 多慶屋

多庆屋比较像百货公司，电器、家私、食品和服装等都有售，当然也能找到药妆。它位于上野，总共 7 个分类的门市，想要一次性购买各类东西的朋友可以直接去逛多庆屋，非常方便。

当然还有很多药妆店也是我们很熟悉的，比如说：大国藥妝店、国民（コクミン）、ツルハドラッグ（tsuruha drug）等。

三、药妆店常用日语生词

本书将介绍平时大家常常会用到的东西以及它们的日文表达方式。

基础护肤篇

★洁面乳/洗面奶　洗顔料「せんがんりょう」
★化妆水　化粧水「けしょうすい」
★眼霜　アイクリーム（Eye cream）
★精华霜　美容液「びようえき」
★乳液　乳液「にゅうえき」
★防晒霜　サンスクリーン剤「-ざい」（Sun screen-）
★精华液　エッセンス
★晚霜　ナイトクリーム
★去角质エクスフォリエイター
★面膜パック；マスク

彩妆篇

★粉底液　リキッドファンデーション（Liquid foundation）
★干粉　水なしパウダーファンデーション「みず-」
★湿粉　水ありパウダーファンデーション「みず-」
★散粉　ルースパウダー（Loose powder）
★眉笔　アイブロウペンシル（Eyebrow pencil）
★眼影粉　パウダーアイシャドー（Powder eye shadow）
★眼线　アイライン（Eyeline）
★眼线笔　ペンシルアイライナー（Pencil eye liner）
★眼线液　リキッドアイライナー（Liquid eye liner）
★水溶性眼线粉　アイライナーパウダー（Eye liner powder）
★眼影　アイシャドー（Eye shadow）
★睫毛膏　マスカラ（Mascara）
★腮红　頬紅「ほおべに」
★润唇膏　リップクリーム（Lip cream）
★唇蜜　リキッド状口紅「-じょうくちべに」（Liquid-）

★口红＝唇膏　口紅「くちべに」
★唇彩　リップグロス（Lip gloss）
★双眼皮贴　アイプチ（Eye putti）
★粉饼　ケーキファンデーション（Cake foundation）

其他

★卸妆用品　クレンジング（Cleansing）
★剃须水　アフターシェーブローション（Aftershave lotion）
★剃须膏　シェービングソープ（Shaving soap）
★吸油纸　油取り紙「あぶらとりがみ」
★指甲油　マニキュア（Manicure）
★洗发水　シャンプー（Shampoo）
★护发素　リンス（Rinse）
★定型剂　整髪料「せいはつりょう」
★发油　髪油「かみあぶら」
★发蜡　ポマード（Pomade）
★染发剂　ヘアカラーリング剤「–ざい」（Hair coloring–）
★香水　香水「こうすい」
★科隆香水　オーデコロン（フランスEau de Cologne）
★体香剂　デオドラント（Deodorant）
★婴儿粉　ベビーパウダー（Baby powder）
★洁齿剂　歯磨き粉「はみがきこ」
★漱口水　洗口液「せんこうえき」
★眉剪　アイブロウ シザー
★假睫毛　つけまつげ
★睫毛夹　アイラッシュ カーラー
★粉扑　パフ
★化妆海绵　ファンデーション スポンジ

コラム

大好き！何でも買えちゃう日本の薬局

日本の薬局は、薬はもちろん、化粧品、生活用品、お菓子、飲み物など、何でもあります。

薬局ですから、最初は市販薬が売られていました。その後、病院の処方箋を持って行けば、病院指定の薬も買うことができるようになりました。現在では、客の需要に応じて、薬だけでなく、化粧品や生活用品など数多くの商品が揃っており、まるで「何でも屋」です。最近の中国人旅行者は、日本へ行く前に、薬局で買う「買い物リスト」を作って持って行くほどです。

日本の薬局の数は実に多く、どこにでもあります。旅行中、たとえ風邪を引いてしまっても、軽い症状なら、薬局で症状に合ったいい薬が簡単に手に入ります。また、いつも使っている化粧品が日本製なら、使い終わったら、薬局へ買いに行けばいいのです。デパートのものが一番いいと思っている人がいるかもしれませんが、実は、日本の薬局で売られているものの中にも、無添加で体や皮膚に優しいものがたくさんあるのです。さらに、価格もそう高くないので、日本人にも外国人旅行者にもとても人気があるのです。

何でも買える日本の薬局は、今や、世界の流行の発信源の一つと言っても過言ではありません。今後、さらに多くの商品が店頭に並び、正真正銘の「何でも屋」になる日は、そう遠くないはずです。

チャレンジ問題

1. 中国には薬局がありますか。日本と比べて、何が違いますか。
2. もし、日本の薬局に行くなら、何を買いたいですか。
3. 薬を服用するとき、気を付けなければならないことは何ですか。

10 おいしい日本のラーメン

まずはここから

ミラー：ああ~お腹すいた。この間食べた博多ラーメン、おいしかったなあ。ね、これからみんなで、食べに行かない?

ワン：先月札幌へ旅行に行ってたんだけど、あそこのラーメンも、すっごくおいしかったよ。懐かしい~。

サントス：う~ん。僕は、ラーメンなら、やっぱり喜多方ラーメンが一番だなあ。

佐藤：みんな、ラーメンが好きなんだね。じゃ、今日はラーメン、食べに行こう。

ミラー：でも、みんな好きなラーメン違うし、どうしよう。

佐藤：大丈夫。新横浜ラーメン博物館へ行けば、どこのラーメンでも食べられるのよ。だからみんな、行こうよ。今日は私が奢るから。

ワン：へえ。そんなところがあったの? 知らなかった。じゃ、はやく行こう。

说到日本的美食，我们自然而然地想起寿司、生鱼片、天妇罗、抹茶、拉面等。而如果票选日本国民平价美食，“拉麺（ラーメン）”绝对当属第一!

在日本，拉面馆几乎无处不在，漫步在大街小巷，你会随处遇到拉面馆。它们提供的拉面价格适中，味道也不错，从进店“下单”到“出货”，花不了多少时间，可以说是“日本快餐”。

一、拉面的历史

1859年，日本开始开放港口，许多中国人作为西欧各国的翻译来到日本。日本的主要港口城市设置了外国人居住区，在这里，也开设了许多中国饮食店，形成了“中华街”。在中华街里，开始提供拉面前身的面条饮食。不久，日本人也开始食用中国面食，而且吸取中国面食的精华，经过100多年不断地研究改良和创新，做出了如今日本独特风味的一种面食。

原本从中国传来的面条饮食传播到日本各地，与当地的气候、风土及饮食文化相融合，在各地诞生了本地拉面。在日本国内至少存在30种以上的本地拉面，难以对其一一加以定义。拉面不但被日本人发扬光大，其影响力更扩展到全世界。

二、拉面的构成

一碗正宗日本拉面由5个元素组成，即面条、汤底、着味、调味、配菜。一碗好的拉面，这5大元素缺一不可，其中最为重要的可以说是汤底的熬制，它是一碗拉面的灵魂（如图10－1）。

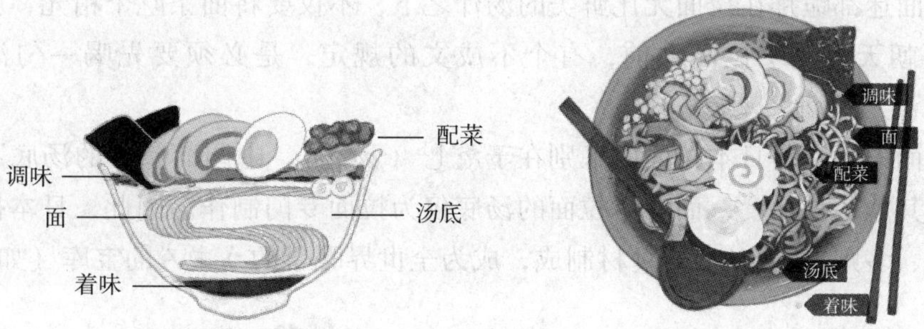

图10－1

1. 面条

制作面条的主要材料为小麦、碱水、清水、盐及鸡蛋等。根据“面粉的种类”“粗细”“加水比例（面条中加水量）”“收缩程度（形状）”及“颜色”5个要点进行分类（如图10－2）。

粗细

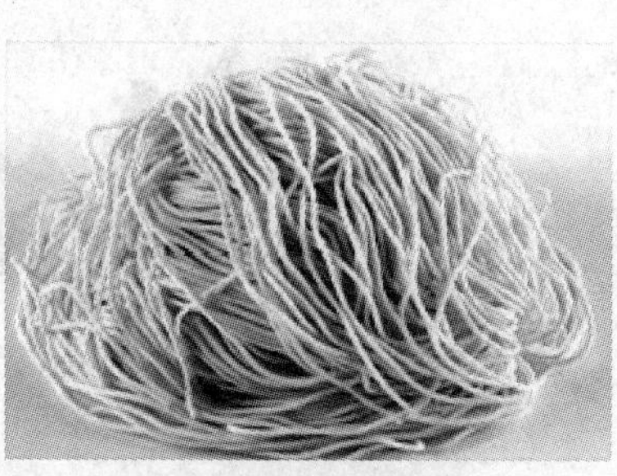

加水比例（面条中加水量）

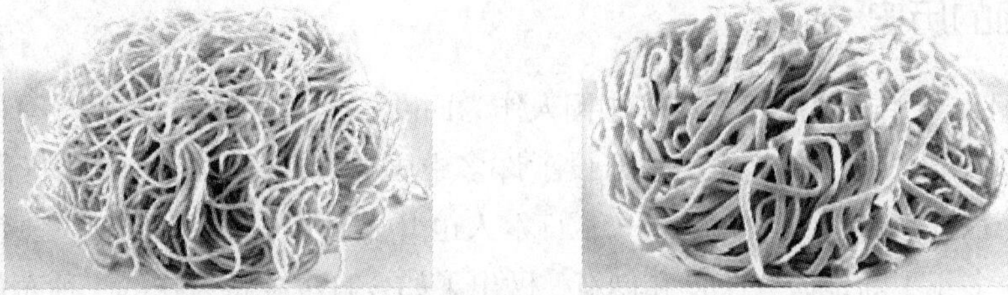

收缩程度（形状）　　颜色

图 10－2

根据这些要点的组合，风味产生变化。多数店铺主要根据与汤底的调配选择面条，例如清爽的汤底选配曲缩面条、浓郁的汤底选配直面条。

2. 汤底

汤底是一碗拉面的灵魂，通常在以“盐”“酱油”和“味噌”等为基础调制而成的调味汁中，调配猪骨和鸡骨等动物类骨头制成的高汤，或小杂鱼干和海带等鱼贝类制成的高汤，加上蔬菜类制成汤底。

很多拉面迷都跪拜在拉面无比鲜美的汤汁之下，不仅要将面条吃个精光，就连汤碗也需要喝个底朝天。在吃拉面之前，有个不成文的规定，是必须要先喝一勺汤，以此强调——“汤汁乃拉面之魂”。

中国的面条饮食与日本拉面的区别在于だし（汤底）。中国面条中的汤底不仅用于面条，也用于其他各种饮食，而日本拉面的汤底仅为拉面专门制作。因此，日本拉面汤底使用至少5种、多则40种以上的食材制成，成为全世界瞩目的うまみ的宝库（如图10－3）。

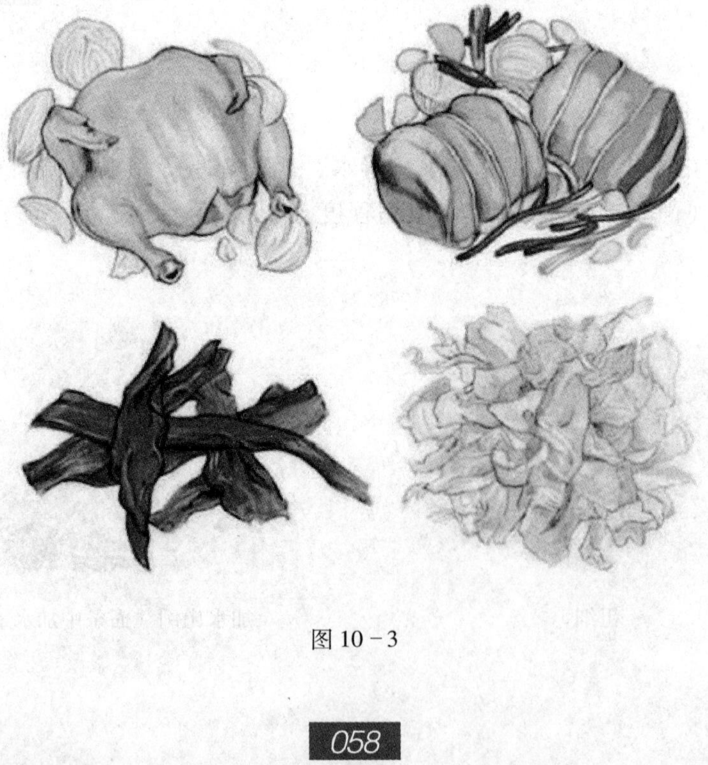

图 10－3

3. 着味

着味就是在汤底加入增加盐分的材料，使汤的味道更显香浓。着味一般分为 2 大类，分别是盐味和酱油味（如图 10－4）。在个别的地区，也会向汤底中增加味噌，但是味噌的味道过于浓郁，反而显示不出汤底的香味，而且颜色也变得很浓重，所以知名的拉面都不会使用味噌。

图 10－4

盐味：看上去简单，但却是最能够突出汤底香气的一种。无论使用的是日干海盐，还是粉红色岩盐，对于汤色的影响都是微乎其微的，而味道也最纯粹。

酱油味：酱油在日本拉面中的使用非常广泛，但酱油也分为了“浓口酱油”“淡口酱油”和“白酱油”。即使都是用酱油着味，一方面由于熬制酱油时的加料不同，另一方面由于酱油的颜色也不尽相同，所以呈现的汤色和味觉也都会不同。

4. 调味

调味就是放在拉面里面的调料，常见的有：蒜泥、红姜、芝麻、红油、黑油等（如图 10－5）。

图 10－5

5. 配菜

配菜就是拉面上面放的精髓，拉面的配料没有规定，常见的有叉烧、干笋、青菜、煮鸡蛋和海苔等，其他还有玉米、鸣门卷、裙带菜及黄油等，根据地区特点和店主的想法而变化。叉烧、笋干和青菜是拉面不可缺少的配料。五花肉必须经过蒸、煮和熘的程序，笋丝和青菜也都是经过细心挑选，纤维细致又新鲜的才有机会加入拉面的行列。

大部分的拉面店都允许添加配菜，比如说加一个蛋，或者加一份笋。在很多地方还有一些特色的配菜，比如说猪板油、圆白菜等（如图 10－6）。

图 10－6

三、拉面的分类

有市场就有竞争，各店家煞费苦心，在味道和配料等方面追求与众不同的特色，力图推出各自独特的口味，于是诞生了品种丰富、多滋多味的日本拉面，甚至还涌现出了大量的拉面“发烧友”。

（一）从酱料上来说，日式拉面有四大汤系：酱油拉面、味噌拉面、猪骨（豚骨）拉面、盐味拉面。

1. 酱油拉面（如图 10－7）

图 10－7

日本拉面属酱油风味最多，也最为常见。而东京地区是酱油拉面的始祖，属于关东风味。

酱油是一种为拉面汤底调味的酱料，有很多种类，比如浓厚酱油（颜色味道都重）、薄味酱油（颜色淡味道重）、溜酱油（由味噌制成）、加工酱油（由生抽制成）、白酱油（颜色几乎透明）等。即使都是用酱油着味，但呈现的汤色和味道也都不尽相同，所以选择酱油拉面的时候一定要了解清楚再选择合适的酱油味。

酱油拉面汤底的特征就是清汤，传统多为由木鱼花、海带等制成的清汤，现在也有不少店铺会用鸡骨架和蔬菜低温煮制而出的清汤汤底，加上以酱油为主调制而成的酱汁，便成了酱油拉面的传统汤头。

2. 盐味拉面（如图 10 - 8）

盐是料理时的基本调味料，盐味汤头与酱油、味噌同样有人气。盐味拉面的汤头由于盐本身溶于汤且无色，所以大都呈食材的颜色，如浅茶色或是浅黄的半透明色。大部分的盐味拉面，为了不产生浑浊而用小火慢慢熬煮豚骨与蔬菜等，再以此汤为底加粗盐与岩盐调味。盐味也是最能突出汤底香气的，使汤底味道清爽纯粹。

盐味拉面主要分布在函馆地区，汤头里加入了多种蔬菜，口味清淡，更能让人感受到拉面的原汁原味，也是最健康的拉面。盐味拉面的汤头呈现半透明色，浮着金黄色的油脂，看上去很简单，但是口味细腻柔和，能突出汤底的香气，因此颇受食客的追捧。

图 10 - 8

3. 味增拉面（如图 10 - 9）

味噌拉面使用的味噌酱料，本身就是相当强烈的调味料，好的味噌只加开水也可以制出非常美味的拉面，如果再搭配豚骨汤与鸡骨高汤，就可以做出更顺应食客的味觉、更有深度的味噌拉面。在拉面的百年历史中，味噌拉面年纪最小，这种源于札幌的拉面种类是拉面师傅在食客的要求下在豚骨酱油拉面中加入味噌而偶然创造出来的，不想却成为札幌最具代表性的拉面类型。

北海道以重口味的味噌拉面闻名，特点是甘醇香浓，加上寒带特有的粗面条，油脂丰富、香浓顺口，不过口味较重。

味噌拉面和其他拉面有一个明显的不同之处在于配菜：味噌拉面选用的多为碎肉而不是叉烧，再配合豆芽、洋葱、蒜泥、红姜等，在札幌寒冷的冬日里，吃一碗热气腾腾的味噌拉面，加一勺辣油，真是暖身又暖心。

图 10－9

4. 豚骨拉面（如图 10－10）

豚骨就是猪骨，豚骨拉面兴盛于日本南部的九州，一般而言“豚骨拉面”大都是指白浊的九州博多、久留米、熊本等拉面。这种拉面一般选取猪骨熬制 15 小时，这 15 个小时内需要的步骤繁杂且缺一不可，否则会影响汤的质量。去血水后，大火熬，加水再大火熬，期间不断地去除悬浮表面的泡沫，然后文火慢炖，起锅前再大火熬一个小时，这样才能提炼骨髓胶质，并熬进汤中。最后豚骨汤呈现浅浅的乳白色，散发着淡淡的奶香味。豚骨拉面的猪骨汤底的胶原蛋白含量大大多于鸡骨汤的胶原蛋白含量，是注重皮肤保养的小伙伴们的大爱。

图 10－10

（二）拉面按照地域主要分为：关东风味的东京“酱油拉面”，北海道“味噌拉面”，南部九州及博多一带的“豚骨拉面”。

1. 北海道

（1）旭川拉面（如图 10－11）

旭川拉面使用鱼类和猪骨、鸡肉等熬制的酱油风味。因为发源自寒冷的地区，为了避免热度快速流失，添加了猪油。口味较为清淡，面条为水分含量较低的卷曲细面，很容易将汤汁吸附于面上。

这种拉面虽然以酱油口味为主流进行宣传，但也有很受欢迎的味噌口味，因此旭川拉面等于酱油拉面的这个认知是错误的。和札幌的味噌口味不同，旭川的味噌汤底是强调味噌独特的甜味。

图 10－11

（2）札幌拉面（如图 10－12）

札幌拉面以盐味拉面闻名，但后来却是味噌口味成了代表，而且是日本各地风味拉面中最早获得全国性知名度的口味。札幌拉面为了增加味噌汤底的浓郁口感，加入了大量的猪油和蒜。

图 10－12

2. 关东（东京）拉面

东京以酱油拉面为代表，在整个日本都很有名气。关东风味拉面主打酱油汤底，不少人都有猪骨汤底比酱油汤底花时间的误解，事实是制作一碗正宗的酱油拉面比猪骨汤拉面成本更高，汤头以鸡骨作主要原料，配上鱼干、野菜等材料熬成，再加入高级酱油调味，以紫菜去除肉腥味。

3. 九州

（1）博多“豚骨拉面”（如图10－13）

博多拉面（はかたラーメン）是豚骨拉面的始祖，最大的特点是颜色乳白、汤身浓稠的猪骨汤底以及极细的面条，让人久久回味。

图10－13

最正宗的博多拉面汤底采用的是以乳酸菌喂饲，营养价值更高的樱花猪的猪骨为材料熬制的，熬出的汤汁比一般的猪骨汤更为清甜，并有浓郁骨香。虽然用的是浓郁的豚骨汤汁，但是制作过后吃起来却是清淡爽口，博多拉面作为有日本代表性的拉面之一征服了许多美食家的舌头。

虽说日式拉面里的汤是灵魂，但是成就一碗好拉面的面也绝不能差。标准的博多拉面只有2毫米左右的粗细，面质可分软、中、硬口感，不同的口感迎合不同人的需要。虽不是手工拉面，但这种面条的韧性与爽脆结合，吃起来像略微煮沸的方便面。

博多拉面Shin Shin和一风堂都在九州地区十分出名，即便下午三四点都能看到饥肠辘辘的食客在店里用一碗暖暖的拉面来满足自己。

（2）熊本拉面（如图10－14）

以猪骨汤为基础配上中粗度面条，在拉面上洒上炸蒜是熊本拉面独有的特色。由1957年营业至今的黑亭拉面是熊本拉面的代表店之一，特别之处是这间店的员工大多是女性，在向来由男性雄霸的拉面界里实属异数。到了熊本，Ramen Akagumi、Shinasoba HokuyuSohonten和Daikoku Ramen这三家拉面店绝不容错过。

图 10－14

除了以上 3 大区域的拉面外，东北地区的喜多方拉面和京都拉面等也很有名。

● 喜多方拉面

喜多方拉面是福岛县喜多方市周边地区出名的日本拉面。喜多方市人口仅为 3 万多人，但拥有的拉面店多达 120 家，与札幌拉面、博多拉面并列为“日本三大拉面”。

喜多方拉面汤底由猪骨和小杂鱼干混合制成，面条使用大条的扁平卷曲面条，拥有独特的食感。

● 京都拉面（如图 10－15）

基于京都的文化名气，你也许会期待京都将普通的汤面改造成精致细腻的拉面，但日本古都的拉面有两种形式：あっさり系（Assari 系）是招牌的淡味拉面，こってり系（Kotteri 系）是浓重的鸡汤拉面，两者都属京都拉面。

图 10－15

前者多是猪鸡混合汤头，以暗色酱油为底；而后者多是鸡汤熬成浓稠的粥状，上面放上辣豆酱、葱花、大蒜，加上当地九条葱提升汤的辛辣味。

实际上，日本各地拉面品类数不胜数，几乎各地都有自己的代表性拉面。

（三）从面料上来说，日本拉面分为3种：素面、乌冬面、荞麦面。其中荞麦面呈浅棕色，面条比较细。

1. 乌冬面（如图10－16）

乌冬面也叫乌龙面，起源于关西地区，是日本的平民美食。乌冬面属于粗面，韧性好，口感顺滑、嚼劲十足。在日本吃乌冬面时，很多店家都会问食客是吃冷面还是热面，最经典的日式乌冬面离不开高汤和牛肉，做出的拉面面条顺滑、酱汤浓郁，夏天还可以吃冷拌乌冬面，清爽可口。

图10－16

2. 荞麦面（如图10－17）

日本的荞麦面在口感上讲求原汁原味，保留面本身的质朴风格，不论是冷吃还是热吃，都要新鲜做、立即吃，才能品尝到荞麦面爽快的口感。热食的荞麦面一般会在面上搭配天妇罗炸虾以及葱碎，然后跟热汤一同吃，口感肥腻中带着清爽。冷吃荞麦面一般是将煮好的荞麦面过冷水、冰冻，然后放在竹篱盘上，并撒上一些紫菜丝，吃时再沾一口撒有葱花的特制冰冻酱汁，口感爽口开胃。

图10－17

四、拉面的吃法?

吃面当然是一件随心的事情，但如果能讲究方法，则别有一番风味。

开始时，建议不要加任何调味料，而是先喝一口汤，再吃面，这是吃拉面最重要的步骤。

然后品尝佐菜，再按照个人喜好加入调味料或其他配菜，慢慢吃。

在日本，人们品尝拉面时要尽可能发出“滋滋”的声音，这也是对料理人的一种肯定和尊重。

最后，一定要把面汤喝光，这样你就掌握了日本拉面正确的食用方式。

五、日本有名的拉面街

1. 新横滨拉面博物馆

新横滨拉面博物馆是全球首家饮食娱乐园，自 1994 年 3 月 6 日创建以来，深受日本人民的喜爱，更有许多海外游客慕名而来。

他们将拉面定位为乡土饮食，出于无须乘坐飞机便可一举遍尝日本全国各地名店风味这一构想，创建了拉面博物馆。

在这里，人们不仅能够了解到拉面的历史、各时期不同的拉面种类，还能一站式品尝来自日本各地的著名拉面。

博物馆一共分为三层，内容十分丰富。1 层是博物馆的展示区，可供人们了解拉面的历史发展及相关文化。除了历史知识以外，人们还能够学习有关各种面类、汤底、食器和面条的制作方法等有趣的知识（如图 10－18）。

图 10－18

穿过展示区域后，沿着装饰着车站壁画的楼梯，人们就来到位于地下 1 层的「拉面一条街」了。从地下 1 层到地下 2 层，都排列着从日本各地严格选拔出来的拉面店。

馆内设有日本最有名的拉面店，以东京著名的拉面店「二代目 GENKOTSU 屋」、北海道的「SUMIRE」（すみれ）和冲绳的「琉球新面通堂」为代表，后又加入了山形、熊本、博多等地的共计 9 家店铺，为人们带来了全日本经久不衰并引以为傲的味道。

新横滨拉面博物馆馆内的装潢风格完美再现了昭和三十年代的风情，市井之味浓郁，复古风格弥漫。傍晚时分，大饱口福后，在充满昭和三十年代感觉、洒满晚霞的小街上走走逛逛，很快便会发现这里妙趣横生。

无论是侦探事务所的招牌、牙科诊所的门面、复古的电话亭、老旧电影的海报，还是玩具店、杂货铺，各处都充满昭和时期的味道和当时人们的生活风貌。

当游客们准备离开博物馆时，走上墙壁上写着通向「未来」的楼梯便可以「回到当下」。这样一个充满怀旧味道又处处布满美味与惊喜的拉面博物馆，实在令人乐而忘返。

2. 京都拉面小路

“京都拉面小路”位于京都火车站大厦内中央大阶梯南侧“伊势丹百货”内10楼。京都火车站很大且很方便，连接各种交通工具，还有商场、超市。拉面小路上有十来家拉面馆，据说在外国人眼中很有名，在一些旅游、点评之类的软件上搜索京都美食都会被指引到这里。

车站内的拉面小路以町屋为原型设计，充满京都传统风情。汇集了代表京都的拉面“ますたに MATSUTANI”，东京的“大胜轩蘸面店”、新泻县的“东横”，大阪的“Arauma 堂”、札幌最有人气的“白桦山庄”，福岛县的喜多方拉面“坂内食堂”，九州博多的“一幸舍豚骨拉面店”等7个地方的著名拉面店，让游客一下车就能品尝到各式拉面。

3. 札幌拉面共和国

拉面共和国实际上是一座拉面美食城，位于札幌站前的购物大厦ESTA的10层，交通便利，人潮如涌。这里是名副其实的拉面王国，汇集了札幌、旭川、函馆、钏路等为代表的8家日本拉面名店，这8家拉面店都是深受当地人喜欢的名店，不仅味道浓郁、正宗，而且面、汤、配料量多、实惠，一碗就可以让人提升满足感。

这里还会定期进行比对以淘汰掉不好的拉面馆，所以在这里能吃到的都是有上进心并且美味的拉面。

不仅如此，设施内再现了20世纪45至55年代的札幌街景，还配有蒸汽机车、木造车站、神社等设施，充满怀旧气氛，也是吸引消费者的特色之一。

拉面共和国自2004年开始营业以来，深受消费者喜欢，已成为札幌人吃拉面的必去地方之一。许多外国游客也慕名来访，品尝北海道的名产——拉面。

如今，在拉面已风靡世界。法国、德国、美国及澳大利亚等，在各国纷纷出现了拉面热潮。如今，日本风味的拉面走向世界，有可能会像在日本发生的那样，与各国的气候、风土及饮食文化相结合，诞生出各国的本地拉面。

コラム

今日はどのラーメンにする?

皆さん、日本料理を食べたことがありますか。日本料理と言えば、すぐに寿司、刺身、天ぷら、カレー、ラーメンなどを思い出しますが、中でもラーメンは、最も大衆的で人気のある食べ物と言えるでしょう。

日本のラーメンは、中国から日本へ伝えられ、改良（イノベーション）に改良を重ねたのち、日本独自の味を作り上げ、日本を代表する絶品料理となりました。

ある調査によると、日本人の半分以上が週に1 回はラーメンを食べるそうです。また、ラーメンは日本人だけでなく、外国人の間でもずいぶん人気があり、日本を旅行する外国人は、必ずと言っていいほど、ラーメンを食べるのだそうです。

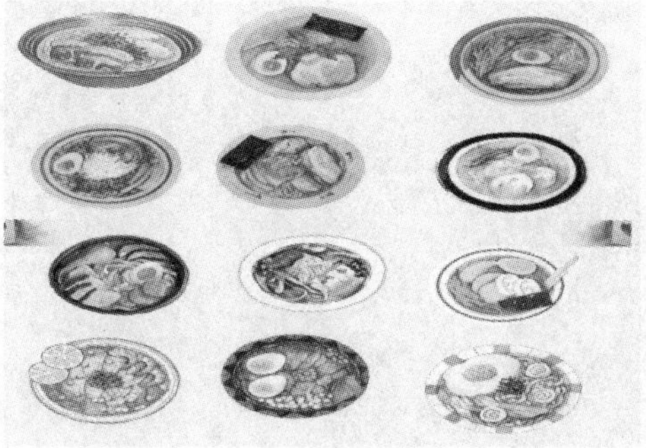

日本のラーメンはタレと出しによって、主に、味噌、醤油、豚骨の三つの種類に分けられます。札幌の味噌ラーメン、東京の醤油ラーメン、博多の豚骨ラーメンは、「日本の三大ラーメン」と言われています。

また、「京都ラーメン小路」のような、一つの場所に全国の有名なラーメンが集結しているところもあります。ここでは、北海道から九州・博多まで、おいしいご当地ラーメンが満喫できます。例えば、札幌の「綱取物語」、福島喜多方の「坂内食堂」、京都の「ますたに」、博多の「一幸舎」、徳島の「ラーメン東大」、大阪の「きんせい」、名古屋の「麵屋はなび」、東京の「東池袋大勝軒」などがあり、ラーメンのはしごができて、とても便利です。

現在、国内にとどまらず、国外にも支店を出すラーメン店が次々と増えています。中国各地にも日本のラーメン店が雨後の筍のように現れて、わざわざ日本へ行かなくても、本場のラーメンが味わえるようになりました。

チャレンジ問題

1. 日本のラーメンを食べたことがありますか。どうでしたか。
2. 日本のどこの（どんな）ラーメンが好きですか。どうしてですか。
3. 皆さんの住んでいる町にも、日本のラーメン店がありますか。どんなとき食べに行きたくなりますか。

11　日本の塾事情

まずはここから

礼子：ねえ、ねえ。学校終わったら、パフェ食べに行かない？ 京子：ああ、いいね。だけど、今日も塾あるんだ。 礼子：そうか。京ちゃん、東大目指してるんだもんね。 京子：うん。今、頑張らないと…。ごめん、また今度誘ってよ！ 礼子：うん、わかった。勉強、頑張ってね！応援してるよ。

一、百度百科中关于日本的私塾的定义

从百度百科来看，日本的私塾分为两种：一种是日本江户时代发展起来的私立专门教育场所。私学于奈良时代曾出现，平安时代一度有所发展，自镰仓幕府后渐衰落。江户时代学术繁荣，学派纷呈，学者辈出，各派学者竞立门户，培养弟子，私塾亦随之发展。设

置者多为民间学者，亦有在幕府直辖学校或藩校执教的儒者，利用自宅传授学问，多兼任教师，且多为朱子学者，亦有部分阳明学者、古学者和国学者。幕府末年尚有兰学家开办兰学私塾。教学内容不统一，程度高于寺子屋、乡学，相当于中等专门教育水平。有的后发展为私立专门学校，如庆应义塾。另一种是私立补习学校，分“学习塾”和“趣味塾”两类。前者以辅导学生课业为主，大多进行以升学考试为目的的补习性学习，少数指导尖子学生进行难度更大的学习；后者以培养学生广泛的兴趣、爱好和提高技艺为目的，如教授音乐、美术、体育、民间传统工艺等，任教者以退休教师为主。

二、日本私塾的现状

日本的孩子在学习上，过着可能是世界上最紧张的生活了，其理由就在于辅导学习的私塾的存在。想要有个好工作，就得进一流大学；想进一流大学，就得进名牌高中；想进名牌高中，就得进名牌中学；要达到上述目的，就得在困难的考试中获胜。晚上八九点钟在东京一带的电车上不乏背着书包的孩子，他们都是从私塾回家的学生。

2019 年冬季，有一部日剧叫《三日月》，该剧由荣获 2017 年日本书店大奖第二名的同名小说改编（如图 11 －1）。剧中讲述了“二战”后日本的私塾教育及私塾间的竞争，描绘出了日本社会的变迁。原先创立私塾的目的是因为有些对学习不感兴趣，不知道如何学习的孩子，在学校学习差，通过私塾的学习，变得对学习有兴趣。但是慢慢地，随着规模的扩大，同行之间的竞争，私塾的性质发生巨变，成为为了能够考取东京大学、京都大学等名校，提前学习学校的知识，接触考试的题目的场所。

图 11 －1

三、拼爹妈时代下的日本私塾

在东京一些名牌辅导升学的私塾，父母们也去学习。为在家里教孩子，父母须先学一步，真可称之为“一人学习，全家出动”了。不过这也是私塾学习水平高的佐证，甚至有人说不掌握高中程度的数学，就难以考进一流中学。进名牌辅导升学私塾须经入塾考试，因此，常有“比入学考试更难”的说法。当然，读这种私塾，各项教育费用也颇多，正如政府调查报告所说，各项教育费用已在威胁着日本家庭生计。据说如今私塾数已达10万~20万，之所以会出现这么多私塾，是因为小自主妇办的家庭补习班，大到全国遍设分部的超级私塾，五花八门。据文部省统计，进私塾学习的小学生有160万人，中学生达200万人，补习私塾产业的年产值达4900亿日元。因此，近年来商社和大型电车、地铁公司也引人注目地参与了私塾经营，因为电车、地铁公司在车站前面拥有不少大楼，这是利用不动产经营私塾的机会。

四、私塾的种类

无论是公立还是私立学校，越优秀的学校竞争越为激烈，而学校的学习是统一授课，不能针对学生的个人情况进行辅导。希望提高成绩或者有明确学习目标的学生们便求助于私塾（如图11－2）。

图11－2

根据进行针对性辅导的具体情况，日本的私塾分为几大类型：

1. 按照学习能力分班的私塾

此类型根据进私塾前测试，将学生分成不同级别的班级，根据学生情况进行辅导。

2. 以名校为目标的私塾

此类型的私塾可以根据学生的目标学校不同，进行更高难度的知识指导。

3. 一般性私塾

这类私塾不分班级，仅是较学校更快地授课。日本的私塾种类数量很多，为了方便查找，甚至出现了专门介绍各地私塾，提供私塾排名，学生还可以上去留言点评的网站，类似国内的“大众点评”，不同的是这个“学习版的大众点评”充满了浓浓的学术气息（如图 11－3）。

私塾盛行，一方面源于日本教育资源竞争激烈，另一方面却受到目前少子化趋势的影响，生源逐渐减少，其中不乏大量私塾因此而倒闭。在这样的状况中，另一种别样的私塾正悄然盛起——那便是面向留学生的中文进学塾。

图 11－3

4. 面向留学生的中文进学塾和留学生考试私塾

这类私塾是以中国留学生为主体，用中文授课的私塾（如图 11－4）。日本的高等教育水平处于世界的一流水平，名校众多，并且留学费用相对欧美国家便宜，因此有许多中国家长选择送子女来日留学。但凡事都有两面性，日本的大学与一般欧美国家大学不同，

图 11－4

许多大学需要在日本当地进行考试，并且皆是校内考。初来乍到的留学生适应日本生活已经不易，更别说学习日文的专业知识，许多学生都在校内考栽了跟斗。中文私塾正好可以填补此缺陷，全中文的授课方式辅以日文教材，让留学生更方便地接受知识，并且可以及时用中文与老师进行无障碍沟通。

另外准备去日本留学的同学们应该都知道，在日本留学的一个条件是要在语言学校读满一定的时间。如果说语言学校是颁发签证以及学日语的机构，那么私塾就是在语言学校之外的一个补习考试的培训机构，类似于中国的“课外辅导班”。如果你想在日本上一个好的大学，私塾能够起到的作用还是非常大的。

五、私塾盛行背景下，以私塾为题材的日剧、电影盛行

1.《三日月》(已经详细介绍，这里不再介绍)

2.《垫底辣妹》

《垫底辣妹》是由日本Film Face制作，东宝发行的117分钟的剧情影片。该片由土井裕泰导演，桥本裕志编剧，由村架纯、伊藤淳史、吉田羊、田中哲司、野村周平等主演，于2015年5月1日在日本上映，2016年4月14日在中国上映。该片改编自坪田信贵所著小说，讲述了成绩垫底的女高中生用一年时间将偏差值提高40，并考入庆应大学的故事。

3.《初恋那一天所读的故事》

这部剧的主要内容虽然是一位大龄的私塾老师的爱情故事，但是加上这位老师自己没考上东大的遗憾，在无所事事中，指导初中都没有好好上课的不良男孩考上东京大学的励志故事。

コラム

日本人の過酷な塾通い！いつまで続くの?

日本の子どもは、中国と同じで、「世界で一番、勉強に忙しい!」と言っても過言ではありません。将来、いい仕事に就くためには、いい大学に入らなければならない。いい大学に入るためには、いい高校に入らなければならない。いい中学校に、いい小学校に、とこういう具合です。そのために、昨今の子どもたちは、学校以外にも、「塾」という場所に毎日通っているのです。

塾というものは、昔からあり、最初は「読み書きそろばん」と言われ、国語や算数(数学)を中心に、大人が子どもを集めて教えていました。もっと昔には、中国から入ってきた仏教や漢語を学んだり、オランダから入ってきた医学を学んだりと、教養や実用のための塾もありました。現在では、多種多様な塾が誕生し、一人でいくつもの塾に通っている子どもも少なくありません。

今でも、一般的に「塾」と言うと、学習塾を指すことが多いです。今から半世紀前の時分は、「学校の勉強がわからない。ついていけない。」などの理由で、しぶしぶ塾へ行ったものです。しかし、今では、「塾」に行かないと、目指す学校に合格できないと言うのです。それは、「お受験」のための塾です。名門私立校などに入学しようと思えば、学校の勉強だけでは無理なのだそうです。それも、0歳児からの塾も開設されているほど！「お受験」の低年齢化が進み、名門私立幼稚園に入るための塾から始まり、次は名門私立小学校に入るための塾。次は名門私立中高一貫校に入るための塾。中には、倍率の極めて高い超難関私立小学校に入学できさえすれば、あとはエスカレーター式に大学まで行けるという学校もあり、そういう学校の「お受験」専用の塾もあります。しかし、その「お受験」専用の塾に入るためには、悲しいかな、選抜試験があるのです。何ということでしょうか。

以上は、極端な例を挙げましたが、実際の話です。ただ、有名私立校の場合は、両親の出身大学や職業、年収なども加味して合否が決まるような学校もあり、一般的とは言えません。

とにかく、日本の小中高生は、学校以外に学習塾に通い、少しでもいい上の学校に入れるよう、毎日夜遅くまで塾で勉強し、帰宅してからもなお、勉強しているようです。しかし、中には、塾など行ったことがなく、ただ学校で教師が教えることを聞いて勉強しただけで、日本で最も有名な国立大学・東京大学に受かったという人もいます。

さて、留学生が増え続けている日本には、留学生向けの「塾」もたくさんあります。日本の大学に合格するために、留学試験で少しでも高い点数を取りたいと留学生の誰もが願っているはずです。そのため、普段通っている日本語学校以外に、留学試験を受けるための特別指導を行う塾に通っている留学生も多くいるのです。

数年前のことですが、ある公立の学校が、塾を運営している会社とコラボし、課外授業の一環として、学校の中で塾の授業をするという、前代未聞の教育改革を試みたことがありました。これまで敵対していたような学校と塾が手を組むというのも、時代の多様化が生み出したニーズなのかもしれません。また、日本のテレビドラマや映画や中に、偏差値の低い主人公が一念発起し、塾通いをしながら、大学合格を目指して奮闘する姿を描いたものがあります。塾のシーンもたくさん出てきますので、是非、見てみてください。

「塾など行かなくても、学校で真面目に勉強さえしておれば、受験に合格するものだ。」と言う人もいます。が、受験戦争が今なお続く昨今、「塾」の存在は、有り難いものなのかもしれません。「塾に行って、受験戦争に勝ち残って、いい大学に入って、将来、いい社会人になろう」というような目標を持っている子どももいるかもしれません。しかし、大切なのは、「塾」を卒業し、実際に世の中に出たとき、どれだけ自立して生きていけるのか、自分の頭で考え、行動し、社会の一員としてふさわしい、責任のある大人になれるのか、ではないでしょうか。そういう大人になれない人のために、社会は次なる「塾」を用意しているのも、また事実です。

チャレンジ問題

1. 中国にも塾がありますか。日本との類似点と相違点を述べましょう。
2. 塾が流行っている現状を見て、どう思いますか。
3. 皆さんにとって、塾は必要ですか。

12　あなたはネコ派？イヌ派？

まずはここから

幸子：ねえ、お母さん。
母：何？
幸子：家でも何か飼おうよ。犬とか、どう？
母：ペットといえば、やっぱり猫でしょう？
幸子：やだ～。わたしは犬がいい。ねえ、お父さんはどっちがいい？
父：そうだな…俺も犬のほうがいいな。
幸子：やった～！じゃ、犬に決まりね。
母：え？二人ともイヌ派？

现代人的生活压力很大了，当你劳累了一天回到家，一打开门，有一个毛绒绒的、带着温度的小东西向你靠近，那该是多么温馨的一件事情。所以，养宠物成为越来越多的都市人寄托感情、缓解压力的不二选择。而且，一提到宠物的话，已经不再是单纯的流行了，现在的人会更多地把它们作为“家庭一员”来疼爱。于是，我们的周围出现了越来越多的“喵星人”“汪星人”（如图12－1）。

图12－1

一、“猫派”VS“狗派”

在日本，喜欢猫、狗的人也渐渐分成了ネコ派（猫派）和イヌ派（狗派）两个阵容，也经常会引起“喜欢狗还是喜欢猫?”的争论。那么，在日本，“猫派”的人多呢，还是“狗派”的人多呢？在2017年2月实施的调查中，喜欢狗的人超过60%，喜欢猫的人少于40%，可以说是狗派获得了胜利。

狗派的人认为，狗不但会记住你教它的规矩，每天回家时也会热情地迎接你，让狗主人们觉得有跟狗心灵相通的感觉。对于狗派的人来说，狗对于主人的需求感、需要主人关爱的欲望等，其实也正是让狗派乐在其中的原因，不但不觉得烦还觉得被狗需要是件幸福的事！

但是近年来，喜欢养猫的人数也逐渐多起来了。至于“猫派”的主张，他们则是比较无法接受狗会一直黏在主人身边这件事。就算是家人，每天黏在一起也会嫌烦。当猫主人需要一个人独处的时候，猫咪不会黏人这点就对他们来说就是很大的好处。

日本人的城市生活节奏快，年轻人一般没有时间去溜狗和陪狗玩耍。最近被议及的晚婚、不婚化和年轻男性的草食化现象，一个人生活也不耽误喂养，所以可爱的猫可以说是适合现代日本需求的宠物吧。

而且，有趣的是在日本人当中养黑猫的人不在少数，日本人认为乌鸦和黑猫能够给自己带来好运。但是相反，在中国，这两个事物象征着厄运来临，是不祥之物。

二、从宠物看你的性格

因为猫和狗在性格和习性上有很大区别，所以可以通过饲养的宠物去了解并诊断主人的性格（如图 12－2）。

经常听到“宠物和主人很像”之类的话，那是因为在饲养过程中，宠物会强烈受到主人的影响，主人和宠物之间不知不觉地就有了一种默契感、一致感。

1. “狗派”的性格倾向（「犬」を飼っている人の性格傾向）

狗需要在规定的时间内喂食，还要每天带到室外去散步。如果放着不管它会感到寂寞，一直想着和主人亲密地共度时光。在养狗的人之中，已婚者比未婚者更多。根据日本婚姻资讯网站 ninoya 的调查发现，已婚男士的年收入，居然是喜欢“汪星人”的较多，而且还相差约 90 万日币。本次调查一共有 694 名男士参与。至于他们的平均年收入，“猫派”为 537 万日元，“狗派”则是 624 万日元。

有研究表明：“狗派”一般性格开朗、社交圈广泛，喜欢户外活动，比起城市更期望生活在乡村。大多数“狗派”都是很诚实的人，骨子里是个实干家。“狗派”往往非常尊重规则，并且拥有自信。

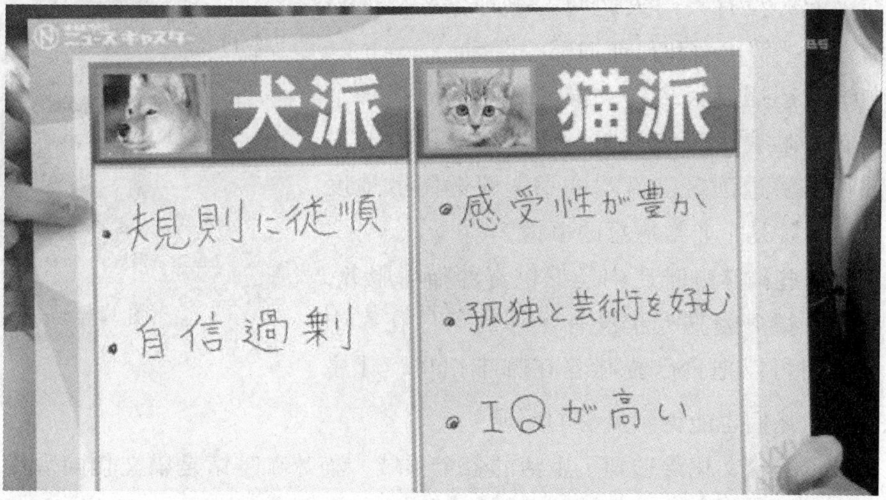

图 12－2

2. “猫派”人的性格倾向（「猫」を飼っている人の性格傾向）

猫是喜欢孤独的动物，不喜欢太多的干涉。虽然不在规定时间去散步，但猫会漫无目的地瞎转悠。“猫派”也一样喜欢自由自在，且大多属于都市型，独居的人也比较多。

养猫的人有着注重“个体”的倾向，和自己的内心对话的时间很多，也会因为我行我素的关系影响到周围的人。“猫派”的人拥有非常丰富的感情，喜欢孤独和艺术，同时智商很高，虽然不是很爱运动，但是冒险心很重的人很多。

实际上这也比较符合猫狗本身的特点。前文说的这些，也不是“绝对就是这样”，不过是统计过的结果。也就是说，“猫派”和“狗派”的人大多数有这种倾向而已。

三、猫咪咖啡馆（猫カフェ）

为了迎合养宠物的人群，商家也可谓是绞尽脑汁、想方设法创新，满足他们的需求。猫咪咖啡馆就是其中之一（如图12－3）。

猫咪咖啡馆是2000年以后在日本兴起的喝咖啡场所，日本已有几十家猫咪咖啡馆，主要分布在东京、大阪和京都等大城市。现在，猫咪咖啡馆已“遍地开花”，日本北部的北海道，最南部的冲绳县都有猫咪咖啡馆。

大型咖啡馆有专为猫咪们设置的区域。走进猫咪咖啡馆，首先要脱鞋，然后用洗手液把手洗干净，以免将病菌传染给店中的猫咪们。

在猫咪咖啡馆里，猫咪是主体。是否拥有金钱、拥有权力对它们来说都不重要，所有人都是平等的。在这些咖啡馆中，客人们享受的不是咖啡和其他饮品，最主要的是与生活在馆中的猫“沟通”，一起玩耍。冈山大学自然生命科学研究援助中心枞木胜教授认为，人和动物在一起，没有人与人之间的那种紧张感。猫咪们能帮助人类缓解压力和孤独抑郁的情绪。

图12－3

有些咖啡馆还摆设很多有关猫咪的书籍。找一个窗户边的位置，晒着暖暖的太阳，怀里抱着可爱的猫咪，一边喝咖啡一边读自己喜欢的书，慵懒闲散地度过周末时光，无疑是个非常惬意的事情。

此外，在一些猫咪咖啡店内还提供寄养猫咪服务，由于各种原因，很多爱猫人士没有足够的条件在家中养猫。于是人们可以把自己猫咪养在咖啡馆里，让主人不在身边时猫咪们也能得到足够的照顾。

可见，日本的猫文化渗透到了生活的各个领域，猫咪咖啡馆是猫文化同现代化结合的出色案例。

四、周边（関連グッズ）

“招财猫、机器猫、KITTY猫”是现代日本最具代表性的猫形象（如图12－4）。

“招财猫（招き猫）”通常采用陶瓷制作，招财猫举左手表示招福；举右手则寓意招财；两只手同时举起，就代表“财”和“福”一起到来的意思。此外，招财猫胸前挂着的金铃，也有开运、招财、招福、缘起之意。近年来，中国的有些商家也喜欢把“招财猫”摆在店内，希望生意兴隆，财运滚滚。

“机器猫（ドラえもん）”更是老少皆知的“超级猫”。它口袋里的竹蜻蜓、任意门、

时光机等，有多少大小朋友为之倾倒，羡慕不已啊！不仅是漫画、动画片受到广大小朋友的欢迎，它的玩具模型及各种产品也是人气爆棚，人见人爱！

图 12－4

“KITTY 猫”（Hello Kittyハローキティ）诞生于 1974 年，由 Sanrio 公司的设计师清水侑子设计，是日本著名动漫萌星（如图 12－5）。

Hello Kitty 被印在每一种你可以想像的产品上，小至贴纸、文具、衣服、玩具、手表、杯子、盘子、书包，大至电脑、冰箱、汽车，甚至是可以让人们置身其中的冒险主题乐园！许多同学特别是女同学，至少拥有过一件印有“Hello Kitty”的产品吧？

图 12－5

不仅是日本出品和猫有关的产品，连美国的星巴克公司也不甘示弱。2019 年 2 月 26 日，星巴克咖啡在其中国门店发售了樱花主题系列的杯子，而在这些新款杯子中，最受欢迎的当属一款名为“猫爪杯”的杯子（如图 12－6）。

猫爪杯是透明玻璃材质，杯子内层的设计为猫爪形状，外层印有樱花图案，当内部倒入有颜色的液体时，猫爪形状便浮现上来了。

猫爪杯第一天售卖，就遭到哄抢，原价199元的玻璃杯子在网上的价格一路飙升，甚至炒到了近千元。有人通宵排队购买该款杯子，还有人因抢购这款杯子大打出手，一时间成为网络热点。

图12－6

コラム

あなたはネコ派？それともイヌ派？

わたしたちの周りにはペットを飼っている人が少なくありません。犬、猫、ハムスター、亀（かめ）、蜥蜴（とかげ）、鸚鵡（おうむ）などといったさまざまな動物がペットとして人気です。その中でも最も多いのは、やはり犬と猫でしょう。

飼い主は、例えば犬なら、「ポチ」とか「シロ」とか可愛らしい名前をつけ、「家族の一員」として大事に育てています。また、自分のことを「パパ」、「ママ」と名乗っている人も珍しくありません。仕事から帰ってきたら、「ポチ、ママ帰ってきたよ。」、「シロ、パパだよ。今日もいい子にしてた?」など、親しみを込めてあいさつをします。そして、ペットと一緒にご飯を食べたり、遊んだり、休んだりしています。ペットと一緒にいることで、一日の疲れが取れたり、一人暮らしの人にとっては、寂しい心が癒されたりするのかもしれません。

しかし、ペット好きといっても、すべての動物が好きなわけではありません。もちろん、そういう人もいますが、例えば、猫が好きな人は「ネコ派」、犬が好きな人は「イヌ派」というように、好みで「～～派」と呼ばれています。

「イヌ派」の人は、「犬は教えたことをちゃんと守ってくれる。」、「家に帰ったら、喜んで迎えてくれる。」、「心が通い合う感じがよい。」など、犬のいい点を挙げています。冬、散歩に出かけるとき、犬にペットショップで買ったきれいな服を着せる人もいます。中には、自分で編んだセーターを着せる人もいます。

一方、「ネコ派」の人は、「犬は一緒にいるとき、ずっと構ってあげないといけないから嫌だ。一人になりたいときもある。」、「猫は犬のように散歩が要らないから楽だ。」、「猫は犬のように部屋を散らかさないからいい。」など、猫を飼うメリットを数多く挙げています。

「イヌ派」であれ、「ネコ派」であれ、それは飼う人の自由です。ただし、ペットを飼うことで、人に迷惑をかけるようなことはしないように心がけましょう。例えば、犬を散歩に連れていくときは、ちゃんと引いて歩きましょう。犬が嫌いな人もいるし、犬を怖がる子供もいますから。また、日頃からちゃんとしつけをしておき、ペットが夜中に音を立てたり、鳴いたりしないように注意を払いましょう。

チャレンジ問題

1. 家でペットを飼っていますか。どんなペットを飼っていますか。
2. あなたはネコ派ですか。それともイヌ派ですか。どうしてですか。
3. 「猫カフェ」へ行ったことがありますか。どうでしたか。

13　失礼ですが、お名前は?

まずはここから

王：失礼ですが、お名前は?
鈴木：初めまして。鈴木です。日本から来ました。どうぞよろしくお願いします。
王：初めまして。王小華です。寧波外事学校、日本語学科の三年生です。
どうぞよろしくお願いします。

一、名前って何？什么叫"名前"？

日语中"名前"，表示的意思是"名字"。在我们的周围不时可以看到日本人的名字，他们一般是复姓复名，加起来有四个字，而且有些名字听起来也是非常的奇怪、有趣。以下就"日本人名字"这个主题，通过它的起源变化、起名含义以及构成特点三方面来好好研究一下！

二、日本人名字的起源

古代日本人没有姓，只有名。后来随着生产的发展，特别是进入阶级社会以后，在统治阶级中间首先出现了氏和姓，到了公元九、十世纪时又出现了一种新的称号叫苗字。所以，古代日本人的姓有氏、姓、苗字三个部分，分别表示一定的意义。比如一个古代贵族的姓名写出来往往很长，如"藤原朝臣九条兼实"。其中：藤原是氏名，朝臣是姓，九条是苗字，兼实是名。

氏、姓和苗字是权势的象征，因此在名前面冠以这些称号是当时日本统治阶级的特权。而广大劳动人民一直没有姓，只有名。到了明治维新（1868年）以后，日本废除了封建的等级制度，日本政府决定：所有的平民百姓都可以给自己取姓。从这时起，日本家家户户才都有了姓，子承父姓，妻随夫姓，世代相承，一直延续到今天。

但是在既有氏、姓又有苗字的贵族统治阶级当中，天皇是一个例外。历史上的日本天皇都没有姓，只有名。在古代，天皇被认为是天神的后代，具有至高无上的权力，因而也就没必要有姓。不仅是天皇，就连皇后和天皇的子女也都没有姓（天皇的女儿长大出嫁以后，可以姓丈夫的姓）。

三、日本人名字的含义

日本人的姓均有一定的含义，其中以地名为姓是一大特征。例如：有的人住在山脚下，便以“山下”或“山本”为姓；有的人住在水田边，便以“田边”为姓。日本人的姓有许多是以“村”字结尾的，如：西村、冈村、森村、木村等，这些姓最初都是来源于地名或村名。

此外，还有许多姓是表示大自然现象、社会生活百相、思想意识的。上至日月星辰，下至花鸟鱼虫，从职业住所到宗教信仰，几乎都可作姓。例如：高崎，意为岛屿的突出部分，大庭，是宫殿前的广场，白鸟、小熊是动物；若松、高杉是植物；高桥、鸟居表示建筑物；小野寺、西园寺表示宗教信仰；服部、秦则是古时从亚洲乃至世界各地到日本定居的归化人（即移民）的姓。

一般日本女子出嫁后要随夫姓，著名乒乓球运动员松崎君代结婚后随夫姓改为“栗本君代”。第二次世界大战后，日本新的民法规定：夫妻双方可以根据婚前所定，或随夫姓，或随妻姓。但大多数日本女子婚后仍照日本的习惯随夫姓。

四、日本人名字的特点

日本男子的名多以郎/朗（ろう/お）、夫（お/ふ）、生（お/そう）、雄/男（お）、彦（ひこ）等字结尾，以表示性别。而且多有表示排行的标志，长子叫太郎（たろう）、一郎（いちろう），二子叫次郎/二郎（じろう），三子叫三郎（さぶろう），排在第11位的就叫十一郎（とりひこ）。

而日本女子的名多以子（こ）、江/枝（え）、代（よ）、美（み）、香/佳/花（か）、恵/絵（え）、纪（き）、利（り）结尾，例如：大关行江、宇野千代、大原富枝，听起来优雅、柔和。现在青年女子中，约有90%的人用“子”命名。

所以，日本姓复杂得连日本人自己也不知道怎么读，听到名字也弄不清楚汉字如何写。有调查表明，全日本一天交换的名片高达400万张，就是说每一秒钟就有231组人在交换名片。可在日本如果把对方的名字叫错是非常失礼的事，为了避免弄错，绝大多数的日本人都在用汉字写的名字旁边用假名注明日语的读音。

コラム

日本人の名字って、こんなにいっぱいあるの?

日本人の名字は種類が多く、15万以上もあると言われています。それに比べて、中国は約3500種類ほどしかありません。世界で日本ほど名字の種類がたくさんある国はないそうです。

日本と中国では、名前の由来が異なります。日本が「名字」を使用しているのに対し、中国で使われているのは「姓」です。「姓」は、その一族の祖先を指し示すもので、古代の中国では皇帝から授けられたものです。自分たちの祖先を敬う中国では、代々その姓を受け継ぎ、名乗り続けているため、種類が少ないのです。一方、日本における名字は、もともと武士以上の身分の者しか持つことが許されず、その後、一般の者にも名字を付けることが許された当時の人が、他人と自分を区別するため、自分で名付けたケースがほとんどだと言われています。さらに、1875年、すべての国民が名字を持つことが法律で義務づけられ、これを契機に、名字の種類が一気に増えました。

ところで、日本には二文字の名字が多いのに対し、中国や韓国には一文字が多いのはなぜでしょうか。中国の「姓」は、慣習で漢字一文字と決まっていますが、日本の名字は、「山田」、「石川」、「木村」など、自然の風景に由来したものが圧倒的に多いようです。それから、日本人の名字の読み方ですが、中には複雑なものも数多くあります。なので、初対面の人には、自己紹介をしていただくのがいいでしょう。また、名刺を渡すときは、自分の名字をゆっくりはっきり音読しながら相手に渡すと、好印象を持たれること間違いなしです。それでも、相手の名字の読み方がどうしても分からない場合は、自分勝手に判断せず、「失礼ですが、何とお読みすればよろしいでしょうか。」と丁寧にお尋ねしましょう。

チャレンジ問題

1. 自分の名前の由来を知っていますか。
2. 皆さんが知っている日本人の名字は何ですか。その名字にはどんな意味があると思いますか。
3. 初対面の日本人にどんな挨拶をしますか。会話文を作ってみましょう。

付録：日本人1–100大姓排列

1. 佐藤（佐藤，Sato）さとう
2. 鈴木（铃木，Suzuki）すずき
3. 高橋（高桥，Takahashi）たかはし
4. 田中（田中，Tanaka）たなか
5. 渡辺（渡辺，Watanabe）わたなべ
6. 伊藤（伊藤，Ito）いとう
7. 山本（山本，Yamamoto）やまもと
8. 中村（中村，Nakamura）なかむら

9. 小林（小林，Kobayashi）こばやし
10. 斉藤（斎藤，Saito）さいとう
11. 加藤（加藤，Kato）かとう
12. 吉田（吉田，Yoshida）よしだ
13. 山田（山田，Yamada）やまだ
14. 佐々木（佐々木，Sasaki）ささき
15. 山口（山口，Yamaguchi）やまぐち
16. 松本（松本，Matsumoto）まつもと
17. 井上（井上，Inoue）いのうえ
18. 木村（木村，Kimura）きむら
19. 林（林，Hayashi）はやし
20. 清水（清水，Shimizu）しみず
21. 山崎（山崎，Yamazaki）やまざき
22. 中島（中岛，Nakajima）なかじま
23. 池田（池田，Ikeda）いけだ
24. 阿部（阿部，Abe）あべ
25. 橋本（桥本，Hashimoto）はしもと
26. 山下（山下，Yamashita）やました
27. 森（森，mori）もり
28. 石川（石川，ishikawa）いしかわ
29. 前田（前田，maeda）まえだ
30. 小川（小川，ogawa）おがわ
31. 藤田（藤田，fujita）ふじた
32. 岡田（冈田，okada）おかだ
33. 後藤（後藤，gotō）ごとう
34. 長谷川（长谷川，hasegawa）はせがわ
35. 石井（石井，ishii）いしい
36. 村上（村上，murakami）むらかみ
37. 近藤（近藤，kondō）こんどう
38. 坂本（坂本，sakamoto）さかもと
39. 遠藤（远藤，endō）えんどう
40. 青木（青木，aoki）あおき
41. 藤井（藤井，fujii）ふじい
42. 西村（西村，nishimura）にしむら
43. 福田（福田，fukuta）ふくた

44. 太田（太田，oota）おおた
45. 三浦（三浦，miura）みうら
46. 藤原（藤原，fujiwara）ふじわら
47. 岡本（冈本，okamoto）おかもと
48. 松田（松田，matsuda）まつだ
49. 中川（中川，nakagawa）なかがわ
50. 中野（中野，nakano）なかの
51. 原田（原田，harada）はらだ
52. 小野（小野，ono）おの
53. 田村（田村，tamura）たむら
54. 竹内（竹内，takeuchi）たけうち
55. 金子（金子，Kaneko）かねこ
56. 和田（和田，wada）わだ
57. 中山（中山，nakayama）なかやま
58. 石田（石田，ishida）いしだ
59. 上田（上田，ueda）うえだ
60. 森田（森田，morita）もりた
61. 小島（小岛，Kojima）こじま
62. 柴田（柴田，shibata）しばた
63. 原（原，hara）はら
64. 宮崎（宫崎，miyazaki）みやざき
65. 酒井（酒井，sakai）さかい
66. 工藤（工藤，kudou）くどう
67. 藤峰（藤峰，Fujimine）ふじみね
68. 横山（横山，Yokoyama）よこやま
69. 宮本（宫本，miyamoto）みやもと
70. 内田（内田，uchida）うちだ
71. 高木（高木，takagi）たかぎ
72. 安藤（安藤，ando）あんどう
73. 島田（岛田，shimada）しまだ
74. 谷口（谷口，taniguchi）たにぐち
75. 大野（大野，oono）おおの
76. 高田（高田，takada）たかだ
77. 丸山（丸山，maruyama）まるやま
78. 今井（今井，imai）いまい

79. 河野（河野，kawano）かわの
80. 藤本（藤本，fujimoto）ふじもと
81. 村田（村田，murata）むらた
82. 武田（武田，takeda）たけだ
83. 上野（上野，ueno）うえの
84. 杉山（杉山，sugiyama）すぎやま
85. 増田（増田，masuda）ますだ
86. 小山（小山，koyama）こやま
87. 大塚（大冢，otsuka）おおつか
88. 平野（平野，hirano）ひらの
89. 菅原（菅原，sugawara）すがわら
90. 久保（久保，kubo）くぼ
91. 松井（松井，matsui）まつい
92. 千葉（千叶，chiba）ちば
93. 岩崎（岩崎，iwasaki）いわさき
94. 桜井（桜井，sakurai）さくらい
95. 木下（木下，kinoshita）きのした
96. 野口（野口，noguchi）のぐち
97. 松尾（松尾，matsuo）まつお
98. 菊地（菊地，kikuchi）きくち
99. 野村（野村，nomura）のむら
100. 新井（新井，arai）あらい

14　日本のトイレは世界一

まずはここから

竹子：出かけたとき、一番困るのは、何か知ってる？
梅子：う～ん、何だろう？
竹子：トイレだよ。誰か使ったかわからないし、汚いままじゃ、とても使う気になれないよ。
梅子：そうだね。私の知っている限り、日本のトイレ、一番きれいだよ。いつもピカピカで、誰でも使い心地のよいトイレ～!!
竹子：それ、それ！次の人のために、きれいに使わないとね。

一、日本的厕所

前几年，就有媒体曝出一些日本学生有在厕所吃饭的习惯。据调查，日本20岁左右的学生中，每5名中就有1名曾在厕所吃过午饭。他们因为害怕一个人吃饭别人会认为自己没朋友、不合群，被同学或者同事撞见很尴尬，于是选择在厕所这个隐蔽的空间吃饭，由此衍生出了“便所饭”这一词汇。由于“便所饭”在日本校园的盛行，有些高校在厕所张贴告示：禁止在厕所吃饭。即便这样，“便所饭”还是屡禁不止。看到这里，你是不是觉得匪夷所思？厕所这种又脏又臭的环境，怎么会有人想到去里面吃饭？也太重口味了吧！其实，这是因为日本的厕所很干净。

日本的干净在全球是出了名的，即便是我们印象中最肮脏的厕所，在日本也是一道风景线——无论是洁净程度还是细节设计。

下面让我们来介绍一下日本的厕所：

1. 日本的蹲厕（和式厕所）（如图 14－1）

和我们一样，日本的厕所也分为两种，一种是传统的蹲厕，另一种是现代的座便。不过蹲厕已经很少见了，只存在于个别车站、公园和老房子里。但即便是蹲厕，也是蛮讲究的，除了厕所洁净、地上无水这些基本要求，日本的厕所还会设置无障碍扶手，方便用户起身。扶手的高度、距离都是经过科学计算的。

图 14－1

2. 日本的坐便式厕所（洋式厕所）（如图 14－2）

日本座便公厕几乎都使用智能马桶盖，没错，就是那种可以用温水洗屁股还可以烘干的马桶。很多国人第一次使用智能马桶盖也是源于在日本的体验。智能马桶盖的核心功能不外乎 3 点：座圈加热、温水清洗和暖风烘干。

图 14－2

3. 日本的厕纸用废纸生产

在日本，公厕卫生纸总会储备很多，很多地方都是双厕纸架，所以“上厕所没纸了”这种事发生的概率几乎为 0。另外，日本的厕纸很薄，是单层的，可溶于水，使用后可直接扔马桶里冲掉，因为他们不能忍受使用过的厕纸存在于空气中，况且，把厕纸扔纸篓会增加清洁工的工作量，还容易滋生细菌。从某种意义上讲，日本人对于臭味的厌恶和对于干净的追求推动了融水性厕纸的普及。这种厕纸是用回收的废纸经过搅碎、消毒、漂泊等步骤生产的，成本低，在厕所免费无限量供应。但这并不是说你可以偷几卷回家，被发现可是要判刑的。

二、日本厕所值得学习的地方

日本人生活的细腻一直令人赞叹。公共空间里的厕所就是其中的典型代表。旅游在外最让人困扰的就是厕所太脏，但是去日本完全没有这样的烦恼。不仅没有脏乱差和难闻的臭气，而且里面的各种人性化设计足以让使用者感受到一流的服务体验。

1. 商场公共卫生间定义为“Switch Room”

东京涩谷 Hikarie 是一个商业综合体，这里的厕所不叫作 Toilet 或是 Restroom，特别称作 Switch room，以切换工作、休息，以及日常和非日常为理念所打造的空间，远远超越了厕所的概念。以女性视角来设定各楼层的主题，4 楼的 Switch Room 以“虚拟体验”为主题，感受不一样的设计，5 楼则备有收费的足部按摩机和氧气吧（如图 14－3）。

图 14－3

室内被绿植装饰得生机勃勃，让人心情舒畅（如图 14－4）。

2. 保持优雅从容的女性洗手间

女性洗手间里的化妆专用台和洗手池分开设立，主要为了分流人群，避免排队（如图 14－5）。

音姬是日本人发明使用的一种可以发出流水声音的电子装置，用于遮掩如厕声音（如图 14－6）。

图 14－4

图 14－5

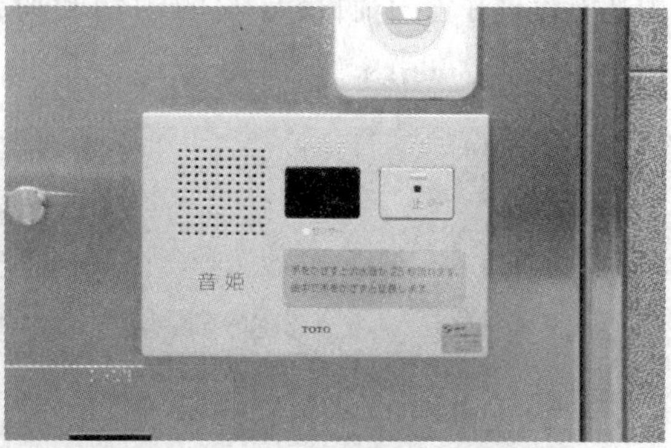

图 14－6

带孩子的妈妈一定会爱上这样的厕所，不仅方便孩子上厕所、洗手，还能解决妈妈如厕时照看孩子的烦恼（如图 14－7）。

换衣台是日本厕所的设计进化，不仅孩子，大人也能使用，女性想换衣服时非常方便，不会把脚弄脏。可折叠，几乎不占用空间（如图14－8）。

图14－7

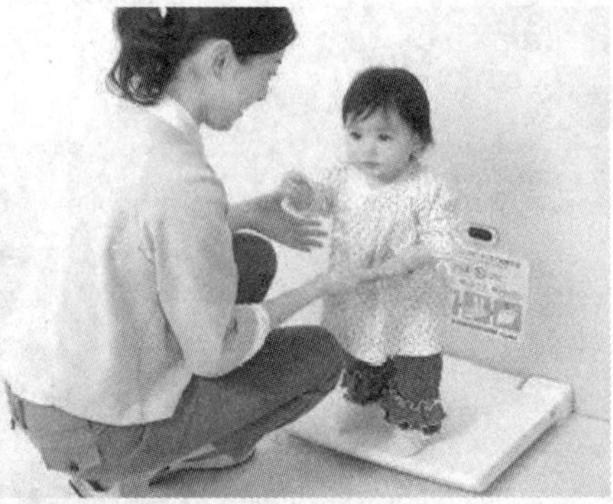

图14－8

自动控制的卫生巾放置箱。不用动手便可开合，清洁卫生，防止传染疾病（如图14－9）。

图14－9

3. 半开放式的儿童厕所

当在孩子稍微长大一些，但还不能完全自理的阶段，父母带孩子上成人厕所都会有些尴尬，这时需要的就是儿童厕所。半开放式的布局，可以让孩子在里面上厕所，大人在外面守侯。

儿童厕所由于和大人用的分开，既可以节省排队的时间，对孩子来说厕所的尺寸，与自己相符合，更方便使用。有的厕所内还有设计了孩子们最喜欢的动物和树，还能在厕所里面玩耍（如图14－10至图14－12）。

图14－10

图 14－11

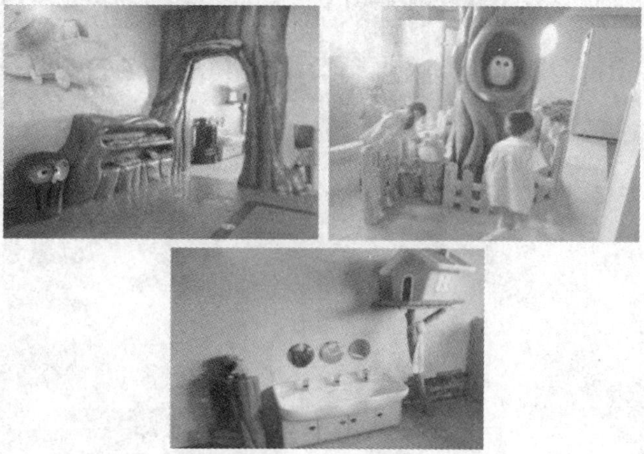

图 14－12

4. 宽敞的残疾人洗手间

残疾人厕所让人联想到医院的专业设施，靠近地面的绿色圆球连接紧急呼叫绳，若摔伤，无力按紧急按钮，可以相对容易地拉响呼叫铃（如图 14－13）。

洗手池的高度和设计符合坐轮椅者使用（如图 14－14、14－15）。

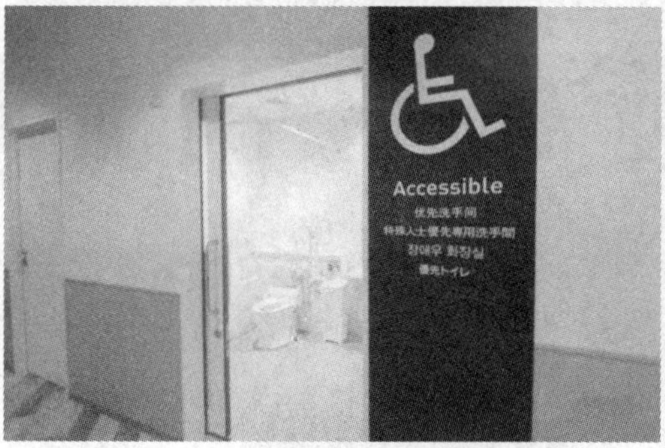

图 14－13

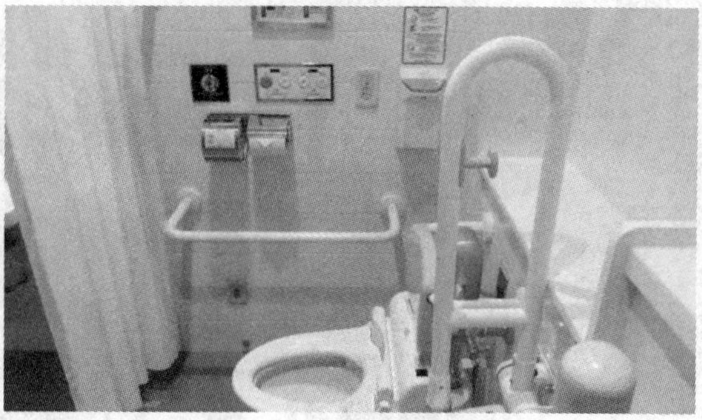

图 14－14

相较于日本其他空间的狭小，残疾人卫生间非常宽敞。有贴在墙边的折叠床，用来给残疾人更换成人尿不湿。轻轻一拉便可放下展开。放下后还可以看到墙上张贴的用法和注意事项。

图 14－15

5. 男性厕所的适老化设计

男性厕所洗手池的扶手可以帮助老年人提高稳定性，防止跌倒（如图 14－16）。

图 14－16

6. 高速公路服务区公共厕所等候不需要超过 2 分钟

服务区里的监视屏让人们立刻就能看到厕所里哪个隔间是空的。而马桶间外面的红色指示灯亮起表示里面“有人”，蓝色的表示为“无人”（如图 14－17）。

图 14－17

每个隔间都配备了传感器，它会检测是否有人使用相应的隔间，并将信息传输至安装在厕所外面的大监视屏上。一般服务区的女厕设有 72 个小隔间，而相比之下，男厕只有 14 个隔间和 32 个小便池，这样的比例是为了应对女性在公共场所，等待如厕的时间通常比男性长（如图 14－18）。

男厕小便斗的旁边有雨伞挂勾，洗手盆的临近处设置干手器（如图 14－19）。

图 14－18

图 14－19

日本大部分的厕所都采用马桶，如百货商场和主题公园几乎都是马桶，在高速公路上的厕所，蹲便与马桶的设置比例为1∶9，据说这是根据用户的调研得到的数据。

7. 厕纸与众不同

除了上面这些超人性化的设计之外，日本的厕所还有很多可怕的细节。例如：所有公用厕所均免费，厕纸的柔韧度和其他国家不同，厕纸可以直接扔进厕所，还有漫画主题厕纸，所有厕纸都有专门的水中分离厕纸技术等。

コラム

次の人のためにきれいに使おう！

出かけた時や、旅行した時など、誰もが必ずお世話になる「トイレ」ですが、できることなら、きれいなトイレを使いたいものですよね。これまでに、便器に物が詰まっていたり、汚くて座れなかったりと、嫌な思い出がいっぱいある皆さん、日本のトイレに入ったことがありますか。

日本のトイレは、とてもきれいで機能も満載です。まず、日本のトイレには、和風と洋風があります。和風とは、しゃがんで使うトイレのことで、洋風とは、座って使うトイレのことです。機能面から言うと、例えば、「音姫」というものが設置されています。トイレで用を足すときに聞こえる音が、外に漏れないようにするためのもので、そこから音楽が流れ、用を足す音を消してくれます。と同時に、これは、できるだけ節水をするという考えのもと、日本で発明された機能でもあります。そのほか、女性や子ども、また、お年寄り向けに設計された数多くの機能があります。

不思議なことに、日本のトイレは、いつどこへ行ってもとてもきれいです。余談ですが、あまりにきれいなので、トイレの中でご飯を食べても平気なほどです。むしろ静かで、安心感があると言う人さえいます。中には、極少数ですが、トイレでご飯を済ませる、という人もいるようで、「便所飯」、なんていう言葉があるようです。

さて、日本のトイレは、なぜきれいな状態を保つことができるのでしょうか。その答えは、次の人も心地よく使えるよう、できるだけきれいに使おうと心がけている人が多いからです。トイレを使うとき、他人のことを思って使えば、トイレはいつまでもピカピカのままなのです。

それから、トイレットペーパーも、きれいなトイレを保つためのアイテムの一つです。日本のトイレットペーパーは、水に完全に溶けるようにできているので、トイレに流すのが常識です。日本のトイレに嫌な臭いがない理由の一つは、これです。なので、日本へ行ったとき、トイレの脇に置いてある汚物入れの中に、使用済みのトイレットペーパーを捨ててはいけません。他にも、一度に大量のトイレットペーパーを流したり、トイレットペーパー以外の物を便器に捨てて流せば、故障の原因になりかねません。外国人旅行者のマナーが、今の日本で大きな問題になっていますので、気を付けましょう。

次の人のためにきれいにトイレを使うという理念は、誰もが見習うべきことです。さあ、皆さんも、今日から実行してみませんか、できるだけ、ね!

チャレンジ問題

1. 日本と比べて、中国のトイレにはどんな問題がありますか。

2. 次の人が入ったとき「気持ちがいい」と思えるトイレにするために、どんな工夫をしたらいいと思いますか。

3. もしトイレを設計するとしたら、トイレにどんな機能を付けますか。

15　未来の地球のために

まずはここから

春子：奈津子、これって、燃えないゴミ?
奈津子：ううん、それは燃えるゴミよ。だから、今日は出さないで。
春子：え、なんで?
奈津子：燃えるゴミは火曜日と金曜日で、今日は水曜日だから燃えないゴミの日よ。
春子：オッケー。

一、为什么说日本是“最干净的国家”

去过日本的人，都会说日本真干净！不管是大街还是小巷都一样，干干净净的。同时，又会发现一个奇怪的现象，在日本不像国内走几步就有垃圾桶，而在日本是很难找到垃圾桶的。这就奇怪了，街道上没有垃圾桶，街上还这么干净。难道日本人每天不产生垃圾？答案当然是否定的（如图15－1）。

图15－1

在日本看不到垃圾桶，是因为日本人都有一个习惯，随身会携带专门收集垃圾的袋子，自己用过的纸巾、矿泉水瓶、食物残渣都用袋子装好，带回家去分类处理。然而，日本人并不是没有垃圾桶，只是日本的垃圾桶相对比较少。日本在一些公共场所，比如随处可见的便利店门口就摆放垃圾桶，在一些学校门前，也有垃圾桶摆放。

垃圾分类越细，对垃圾的处理和回收就越方便，成本也就最低。日本的垃圾分类和处理之严格，让很多国家望尘莫及。也正是因为这种良好的习惯和严格的规章制度，造就了日本“一尘不染”的环境，成为日本向世界展示的一张出色的名片。

二、日本的垃圾怎么分？

日本垃圾分类是很仔细的，细到有点“恐怖”。一套日本垃圾桶一般都有四五个以上，每个垃圾桶收集的垃圾不同，大家可根据垃圾的分类投入不同的垃圾桶。而每个地方对于垃圾收集的规定也是不一样的，甚至有的地方垃圾分类达到20多个类目。

日本的生活垃圾一般是按照可燃性垃圾、不可燃性垃圾、资源性垃圾、有害性垃圾、超大型垃圾、不能回收垃圾来分类的。

（1）可燃性垃圾：可燃性垃圾如厨房垃圾（残羹剩饭、果皮、茶叶末、鸡蛋壳）、纸盒、烟头、一次性筷子、牙签、皮革制品、落叶、草木树枝、卫生纸、纸尿布等。

（2）不可燃性垃圾：不可燃垃圾如塑料制品（洗发香波、洗涤剂容器、食品包装盒、玩具等）、聚乙烯制品、乙烯合成树脂制品、尼龙制品、泡沫苯乙烯、橡胶类（运动鞋、雨靴、凉鞋等）、合成皮革制品、陶瓷器皿、剃须刀片、电灯泡、镜子、水晶玻璃、伞、座椅、暖水瓶、喷雾罐、涂料罐等。

（3）资源性垃圾：资源性垃圾如：纸类（报纸、广告纸、包装纸、各类包装纸箱等）、衣物布匹类、金属空罐类（各种饮料罐、食品罐等）、玻璃类（牛奶瓶等各种玻璃容器、碎玻璃)、餐具类(饭锅、水壶、自行车、纲制家具等)、家用电器类(电视机、洗衣机、电冰箱、立体声响、空调、炉子等(有些物品需征收回收费))。

(4)有害性垃圾：有害性垃圾如干电池、日光灯、体温表等。

(5)超大型垃圾：超大型垃圾如家具类(木制桌子、木制椅子、橱柜、梳妆台、床、地毯等)、建筑材料类(门、窗等)。

(6)不能收集的垃圾：不能收集的垃圾如摩托车、榻榻米、轮胎、废油等。

三、日本的垃圾怎么扔

日本在垃圾处理方面，有严格的规定。日本市民在日常生活中也都遵照执行。大致内容如下：

(1)在规定的可燃垃圾收集日或不可燃垃圾收集日早晨8：30之前，将垃圾扔在规定场所。

(2)使用市场上统一出售的垃圾袋分类装垃圾。

(3)扔带有液体的垃圾时，一定先将液体倒干后再扔。

(4)对于装不进袋的大件物品，要捆扎好后再扔。

(5)喷雾剂罐等具有爆炸性的危险物品，要将内部液体或气体完全排放干净后再扔。剃须刀片等危险物品，要用报纸包好后，写上“危险”二字，装入塑料袋中。

(6)空罐和玻璃瓶类垃圾要放入塑料垃圾袋中，纸类和衣物布匹类垃圾要分类用绳子捆扎好。碎玻璃要用报纸等包好，在上面写上“危险”二字。

(7)对于有害类垃圾，一定要放入塑料垃圾袋扔出，并在袋上面写上“有害性垃圾”。在扔出时不要和资源性垃圾混在一起。

(8)对于家具等大件垃圾，要把它捆扎好，在可燃性垃圾处理日扔出。对于建筑材料类垃圾，在重新购置建筑材料时，让店主取走换下的物品，将超大型垃圾放在正门口或汽车能够驶入的场所。回收时，应事先打电话申请，有些物品需征收回收手续费。

日本一般将垃圾集中后运往垃圾焚烧场，焚烧厂有专门处理垃圾的焚烧炉，焚烧炉通过强大磁力将有机物分解出来。垃圾投入处理装置之后，经过低温等离子波辐射，先干燥，再分解碳化，剩下的灰又经过分解，变成蒸气和二氧化碳。总之，有机物垃圾完全被分解掉，只剩下无机物。通过高温焚烧后将灰烬掩埋，这样处理可以避免垃圾产生臭味。对于不能燃烧的垃圾，就将其粉碎后埋入地下。

四、日本人垃圾分类习惯的养成

养成良好习惯，非一日之功。日本人讲究卫生，爱护环境，日本的儿童从小就在家长和学校那里受到正确的教育(如图15-2)。

日本幼儿园小朋友外出郊游，小朋友随身携带的物品中就有垃圾袋。自己产生的垃圾，自己带回家，他们从小就知道这是生活常识。如果打算扔掉喝完的矿泉水瓶，小朋友会先拧下盖子，然后撕开瓶外包装纸，把瓶子洗干净、踩扁。这样一个矿泉水瓶就分了盖子、包装纸、瓶子三个部分，然后分别扔进不同的垃圾桶。

在日本小学里，学生都在学校集体吃午餐，午餐中有一盒纸包装的牛奶，每个小朋友把牛奶喝完后，要自己负责把牛奶纸盒洗干净，而且还不能用自来水洗，这样浪费水，而是排队在一个水桶里洗。洗好后，放在通风透光的地方去晾晒，到第二天，把前一天晒好的牛奶纸盒，用剪刀把它剪开摊平，以方便打包收集。

所以，当每个人都将垃圾分类，当成是日常生活一部分时，垃圾分类就像每天吃饭喝水一样，不会忘记，也不会出错。当常识成为习惯时，它就是一种理所当然。“讲究卫生、爱护环境”这不是简单的几句口号就能解决的，需要每个人的自觉维护和积极参与。

图15－2

コラム

ゴミがないって、素晴らしい!

初めて日本に行った観光客なら誰でも、その整った街並み、青い空に澄んだ空気、清潔な街中に驚くでしょう。街中でゴミを見かけることはなく、清潔な環境は、日本の代名詞ともなっています。

日本では1970年代からゴミの分別が始まりました。当初は、燃えるゴミと燃えないゴミの二通りに分けていました。その後、資源ゴミを種類ごとに回収するようになり、さらに、再利用できるものとできないものなど、分別もより細かくなっていきました。

日本で生活する人は誰でも、自分が住む市町村の役所が交付する「ゴミ分別のガイドライン」に沿って、捨てるゴミを分別しなければなりません。「燃えるゴミ」、「燃えないゴミ」、「紙」、「ビン」、「缶」、「金属」、「ペットボトル」などなど、生ゴミや資源ゴミ、プラスチックゴミなどに分け、それを種類ごとに異なった色のゴミ袋に入れ、指定の日、指定の時間、指定の場所に捨てなければなりません。分別したゴミを出す曜日や時間や場所は、地区によって異なります。可燃ゴミは一週間に2 回くらいで、不燃ゴミは一週間に1 回程度です。中には、ゴミ袋に名前を記入しなければならない地区もあります。指定日やごみの種類を間違えて出せば、ゴミ収集車はゴミを回収せず、ゴミはその場におかれたままで、その結果、地域のゴミ当番の住民から、間違って出した住民へ、ゴミを送り返されることさえあります。ですから、正しくゴミ分別を行うことは、日本で生活するための極めて重要なミッションとも言えるでしょう。

確かに、ゴミの分別には多少煩わしいものがありますが、数多くのメリットもあります。例えば、ゴミを分別した結果、ゴミ処理量が大幅に減少し、街中のゴミ問題も解決しました。大阪市を例にとると、2013 年、大阪市のゴミ処理は102 万トンと、前年比9% 減でした。ピーク時だった1991 年は、その倍以上の217 万トンでした。

日本は、ゴミ捨てに関するルールの細かさや厳しさで言えば、世界トップクラスです。にもかかわらず、国民がルールを厳守している国は、他にはないのではないでしょうか。しかし、未来の地球を守るためには、地球に住む全員が、実行していかなければなりません。私たち一人ひとりの正しい行いが、より良い未来をつくっていくはずですから。さあ皆さん、ゴミの分別、頑張って実行していきましょう！

チャレンジ問題

1. 皆さんのゴミの分別の仕方に点数をつけるとしたら、100 点満点中、何点ですか。

2. ゴミの分別はなぜ面倒臭いのでしょうか。

3. ゴミのない中国を想像してみてください。どんな気分になりますか。

16　万能風呂敷

まずはここから

母：今日も暑いね。もうすっかり夏だわ。 娘：暑くても、夏がいいの。だって、大好きなすいかが食べられるんだもん。 母：そうか。じゃ、すいか買って帰ろうか。 娘：やった！でも、すいかが入るような大きいかばん持ってないでしょう？ 母：大丈夫。私、いつも持ち歩いてるんだよ。 娘：え、何？ 母：ほら。何でも包んじゃえる、万能風呂敷。 娘：へえ、すごい！

一、風呂敷

「風呂敷」即汉语的“包袱皮”，是形似大手帕且能包裹各种东西的美观实用而独具日本特色的包装用品。它不仅用于生活中的包装，还能体现出日本的传统风情。

无论是方形物品还是圆形物品，「風呂敷」都可以自由自在地包裹，千百年来给日本人民的生活带来了极大的便利，深受日本人民的喜爱。尤其是一些老年人至今仍对它情有独钟（如图16－1、16－2）。

图16－1

图16－2

二、風呂敷の歴史（包袱皮的历史变迁）

在日本用布来包裹物品，最早可以追溯到约1300多年前的奈良时代。当时叫做“平包”，不打结从四个角向里包裹的形式，已经确认当时的作用是用来保管贵重物品。

进入江户时代，人民的生活水平提高，付费洗澡的公共浴室开始普及。人们去澡堂的时候，用一块布包裹洗浴用品及衣物。在浴室里人们为了防止自己的衣物与他人的混淆，制作带有自家家徽标志花纹的包衣布。洗完澡后，把布打开铺在地上，然后站在上面换衣穿衣。于是，这块四方形的布渐渐地被叫做“風呂敷”。“風呂”就是“浴室”的意思，“敷”是“铺”的意思。

到了昭和时代后期，具有漫长历史的包袱皮逐渐被纸袋或超市塑料袋代替，市面上、街道上难觅它的踪影。但是，随着环境问题的出现，它的好处被得到了重新认识。因为减少一个超市塑料袋（1个10g的聚乙烯袋），可以降低61g二氧化碳的排放。作为防止地球变暖措施，减少垃圾（Reduce）、重新利用（Reuse）和反复回收利用（Recycle）的3R运动等，推进环保生活，使用風呂敷真可谓再适合不过了。

电视、报纸、杂志等媒体也将其当作体现日本文化的一种素材加大了宣传力度，并且专门成立了“風呂敷”文化的研究所，在全国各地推行“風呂敷”的使用。

现如今，“風呂敷”与其说是生活实用品，不如说是给人展示的艺术品（如图16－3）。商家在“風呂敷”注入了各种各样的时尚元素，图案时髦的产品不断增加，不仅包裹物品，还被挂在墙上或制成椅垫、靠垫等作为装饰品使用。年轻人的关心程度

图16－3

也越来越高，把它当做一种时尚物品。在各地掀起了利用風呂敷的运动，“風呂敷”再次以一种流行风的姿态席卷了日本。

三、風呂敷のサイズと用途（包袱皮的尺寸及用途）

風呂敷在30多年前是每家每户都有的东西。广泛利用在买东西或搬书、搬家、收藏等场合。有绢、棉、化纤等各种各样的材质，图案也根据用途有的豪华有的简朴。一般大多为正方形，大小从45 ㎝到238 ㎝，有各种各样的不同尺寸。可以根据东西的大小和具体用途选择适当的尺寸使用（见表16－1）。

表16－1

約45cm	金封包み・お弁当包み・ティッシュ包み等
約50cm	金封包み・お弁当包み・ティッシュ包み等
約68cm	最も一般的なサイズ・菓子折り等
約75cm	二幅よりもひとまわり大きなサイズ・菓子折り等
約90cm	エコバック包み・のれん・テーブルクロス等
約105cm	エコバック包み・のれん・テーブルクロス等
約128cm	 座布団4客・ソファーカバーなど
約180cm	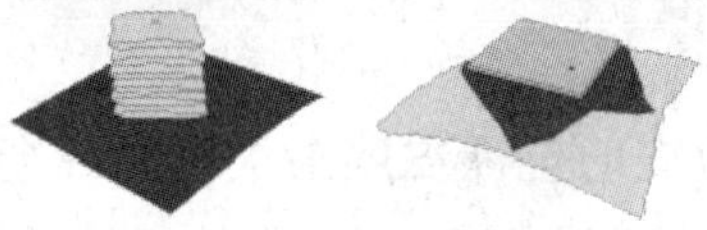 座布団6客・こたつ上掛けなど
約205cm	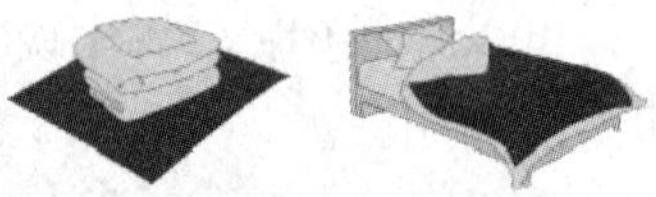 布団1組・シングルベッドの上掛けなど
約238cm	 布団2組・ダブルベッドの上掛けなど

四、風呂敷の包み方（包袱皮的包扎方法）

風呂敷的最大优点是什么都可以包。根据所包物体的形状，“風呂敷”的包扎方法也是五花八门，各式各样。由此而产生的独特的包装文化一直让日本人引以自豪。

各物品形状大小相异，通常基本分为“平包、瓶包、合包、双结包、西瓜包、筒包、隐包、卷包、花包”等方法，我们选取其中几个加以详细说明（如图16－4）。

图 16－4

（1）风呂敷の対角線の中央に包むものを置きます。

（2）bの端を包むものにかぶせます。

（3）cの端を右のほうへかぶせます。

（4）dの端を左のほうへかぶせます。

（5）手向こうaの端をもって手前にかぶせます。

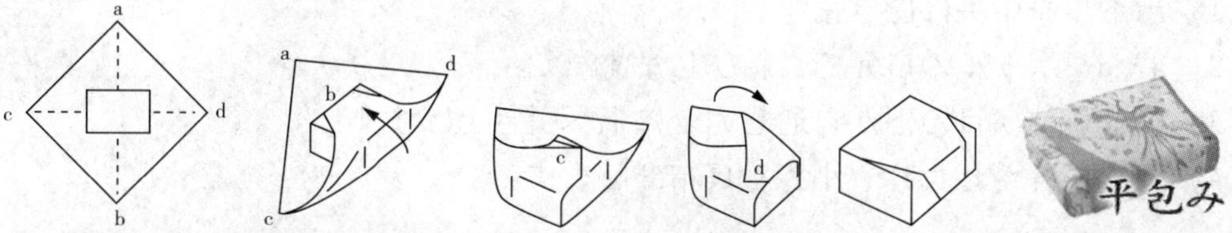

（1）風呂敷の右上の辺a、dの中央付近に内容物の右上の角を置き、（この時、風呂敷の端ギリギリに置かないこと）内容物を手前側に反転します。

（2）手前cの端を内容物にかぶせます。

（3）左端bの端を内容物にかぶせます。

（4）さらに、手前から手向こう側へ内容物を転がします。

（5）残ったaとdの端を真結びします。

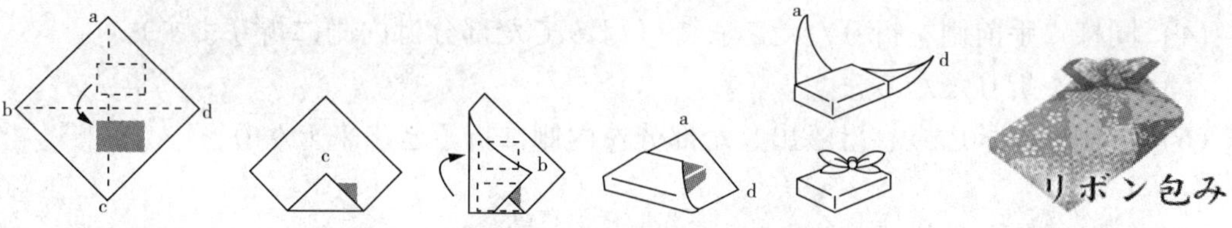

（1）風呂敷の中央に縦にしてティッシュ箱を置きます。

（2）手前からかぶせて左右b、dの端をま結びします。

（3）同じように反対側もかぶせてa、cをま結びします。

布のたるみを内側に隠すようにひっぱり、箱のラインをだすようにすると見栄えが良くなります。

（1）風呂敷の対角線上に内容物を置きます。

（2）風呂敷の隣り合った端a、bと端c、dを真結びします（この時、結び目の下に空間をつくること）。

（3）左右の結び目ができたら、どちらか一方の結び目をもう一方の結び目の空間に通します。

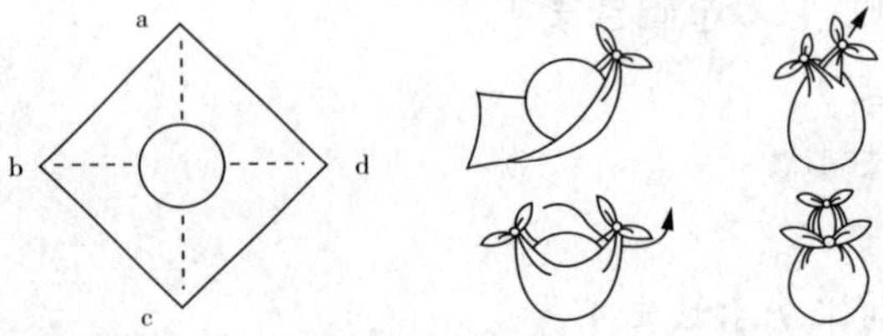

（1）ボトルを中央に置きます。

（2）aとdをボトルの口元で真結びします。

（3）bとcを結び目の下から通し完全に上へ引き上げます。

（4）bとcを各々ねじり、小さく真結びします。

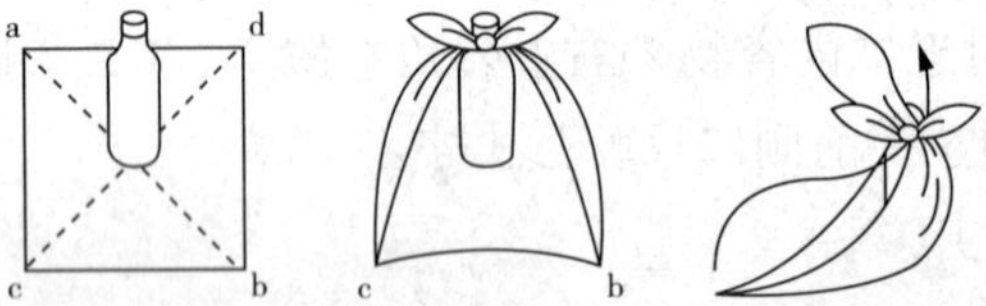

（1）ふろしきの裏側を上に広げ、のし袋を置きます。

（2）左側を折りたたみます。

（3）同様に向こう側を折りたたみます。

（4）同様に手前側を折りたたみます（はみでた部分は内側に折ります）。

（5）右側を折りたたみます。

（6）左側に巻き込み、はみ出した部分を内側に折ると出来上がり。

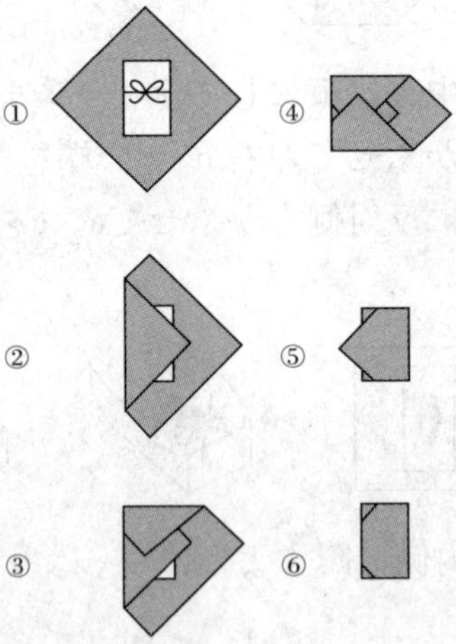

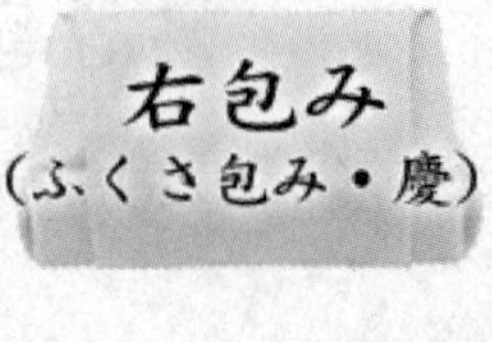

(1) ふろしきの裏側を上に広げ、のし袋を置きます。

(2) 右側を折りたたみます。

(3) 同様に手前側を折りたたみます。

(4) 同様に向こう側を折りたたみます（はみでた部分は内側に折ります）。

(5) 左側を折りたたみます。

(6) 右側に巻き込み、はみ出した部分を内側に折ると出来上がり。

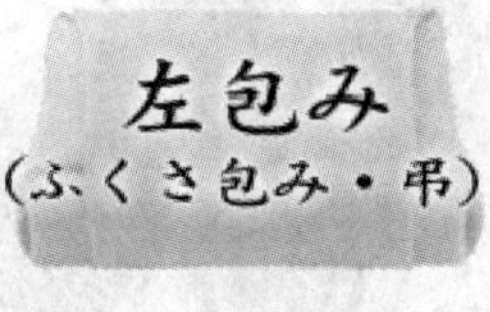

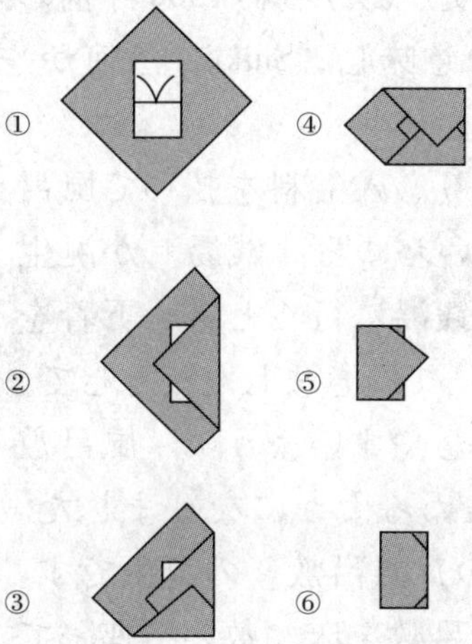

“風呂敷”虽说是折叠包裹自由，但也并非随心所欲可为。比如起襟向右的右襟包裹用于婚礼祝仪贺礼，反之则多为佛事丧礼凭吊。稍有不慎便犯下大忌。

(1) 隣あった端a、bを1回結びきります（この時、根元の部分まで結びきっておくと 後で手提げとして使い良い）。

(2) 結びきった端a、bを、空間をつくって更に1回ま結びします。

(3) c、dも同様に結び、手で形を整えます。

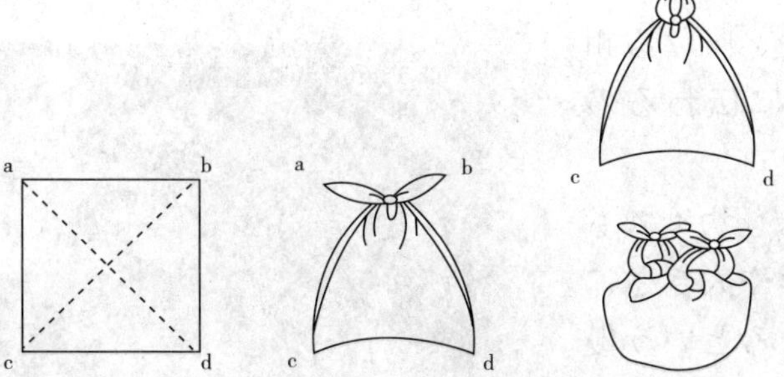

“風呂敷”布虽小，但可以“包裹世界”，显现传统文化中包容并蓄的思想，它在绵长的历史中起起伏伏而今却再次焕发新生，随着人们敬畏传统和环保理念的深入，它又成为时尚的风潮，人们亦应重新审视曾经的生活。

コラム

何でも包んじゃおう！

風呂敷とは、物を包む大きな布のことで、今でいうハンカチのような物です。風呂敷には伝統的な歴史があり、約1300年前の奈良時代に使われ始めたと言われています。Furoは「風呂」を意味し、Shiki　は何かを覆ったり、床に敷いたりする物を意味します。

江戸時代に入り、入浴料を払って風呂に入る公衆浴場、いわゆる「銭湯」が誕生しました。人々は銭湯に行くとき、下着を風呂敷に包んで持って行きました。そして、他人のものと区別しやすいように、風呂敷に家紋や屋号を染めるようになりました。つまり「My（私の）風呂敷」の誕生です。お風呂の後は、風呂敷を床に敷いて座って休んだり、お喋りしたりしました。それで、「風呂敷」と呼ばれるようになったそうです。

大正末期頃から洋装が普及し始めると、多くの人々は、おしゃれな紙袋や丈夫な皮のかばんを使うようになり、街角で風呂敷を携帯する姿は、徐々に見られなくなりました。

現在、風呂敷は、実用品としてよりも、贈答品を贈る時などに使われています。たとえば、人にプレゼントを贈るとき、そのままでは失礼になります。「包む」ことによって、中身を大切にする気持ちや、届ける相手に敬意を払う気持ちが、相手に伝わるのです。

風呂敷は一枚の布ですが、色もサイズも素材も様々で、また、贈る物の形や大きさによって、自由自在に形が変えられるという優れものです。風呂敷が「万能」と呼ばれる所以はここにあります。贈るほうも、相手の喜ぶ顔を想像しながら、様々なものを多彩に包めて、とても楽しいはずです。西瓜のような

大きい果物、ワインの瓶、菓子箱、どんな物でもきれいな形に包めます。しかも、大きい物が包めるわりには、使わないときは小さく畳んでコンパクトに収納できるのです。

また、ビニール袋より持ちやすく、レジ袋より丈夫で破れにくいです。さらに、紙やプラスチックバッグと違い、捨てずに何度も繰り返し使えますから、環境にも優しいです。

自分用としても、贈答用としても、素敵なものです。さらに、日本ならではの美しさも満喫できます。

一枚の布としての風呂敷は、「暮らしの布」として、昔も今も変わらず、人々の生活の中で大切に使われています。きっとこれからも、人々に愛され、人々の生活の中で生き続けてゆくことでしょう。

皆さんも、この古くて新しい万能アイテム「風呂敷」を、日常生活に取り入れてみませんか。

チャレンジ問題

1. 皆さんの家には風呂敷がありますか。どんな時、使いますか。
2. 風呂敷で丸い物、四角い物、瓶など、いろんな物を包んでみましょう。
3. 風呂敷の良さについて話し合ってみましょう。

17　ありがとう！御守(おまも)り

まずはここから

松子：どうしたの？元気ないね。
五郎：明日の大学受験、全然自信ないんだ。落ちたらどうしよう…。
松子：まあ、何とかなるよ。
五郎：そうかな…。松子は自信満々に見えるけど、緊張しないの？
松子：してるよ。でも私には、「秘密兵器」があるのよ。
五郎：秘密兵器？何、それ？僕にも教えて。
松子：これよ、これ！学業御守り。母が神社からもらってきてくれたのよ。これさえあれば大丈夫。
五郎：な～んだ。そういうことか…。

人们在家或出门在外时，有没有配戴从庙里求来的“护身符”的习惯？或是佩戴玉佩、佛珠等饰品来趋吉避凶？又或者将神像、佛主的照片放在钱包里祈求平安？

在日本很多人有随身携带“护身符”的习惯，而日本开始使用“护身符”起源于平安时代，这是从中国的道教以及佛教所传承过来的风俗，与日本的本土信仰、所崇拜的神明融为一体，发展出“御守り”的文化。

一、“御守り”

日语的“御守り”，就是中文“护身符”的意思。日本的“御守り”，主要由一个用于固定袋口的绳结，带有精致花纹或祈愿类型标识的小布袋和内部填充物组成（如图 17－1）。

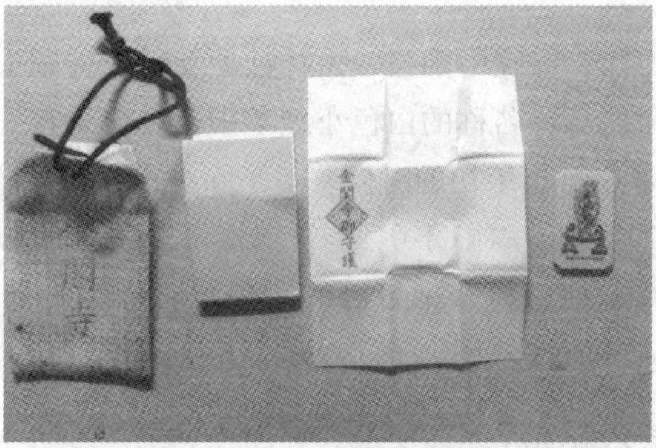

图 17－1

内部填充物一般是由写着神明名字的小木片、一张印有经文或祈愿内容的小纸片组成的。小小的“御守り”承载了日本人的精神需求和美好祝愿，已经成为日本人生活中必不可少的物品。

二、“御守り”的作用及种类

日本人认为“御守り”是沟通和联系神明的桥梁，最早是用来祈愿幸福，辟邪和解除厄运的（如图 17－2）。

图 17－2

随着时代的发展，人们的愿望也带有不同的目的性。因而其功能也进一步细化，比如健康祈愿系列的“御守り”又可以分为健康祈愿御守、康复祈愿御守、长寿祈愿御守等；安全祈愿系列的“御守り”包括交通安全御守、家中安全御守、旅行平安御守等；恋爱祈愿系列的“御守り”又有恋爱祈愿御守、婚姻祈愿御守、求子祈愿御守、顺利生产祈愿御守；学业祈愿系列的“御守り”有学业顺利御守、考试合格御守、比赛胜利御守等。

三、在哪里购买“御守り”？

一般护身符都是在神社、寺院中购买，由神社的女巫或神职人员贩售。贩售时会将护身符装进一个写着神社和护身符名称的白色小纸条中，再交给客人。

求“御守り”最好是在每年年初的时候。过了除夕夜，踏入新一年的时候，大多数日本人会去祈愿，届时大都会购买“御守り”，祈求接下来一年的心愿都能够实现。应该怀着最迫切的愿望，真心诚意地祈祷并把自己的愿望及时传达给神明，这样求来的“御守り”才会感知到你的祈祷并发挥效用。

四、“御守り”怎么佩戴？

现在，日本人尤其是女性基本上每年都会购买“御守り”。比如：升学或比赛前夕会购买合格或胜利“御守り”；怀孕期间会购买安产“御守り”；孩子出生后会购买子供（子女）“御守り”；老人过生日会购买长寿“御守り”；谈恋爱会购买えんむすび（结缘）或良缘“御守り”等，大家都用他来馈赠亲朋以表达自己的祝愿，或是寄托希望、缓解考试或比赛前的压力。

“御守り”类别不同，携带的方式也不尽相同。求得“御守り”之后，日本人一般将它放在钱包、手提包或书包等随身处，通常会把某种“御守り”就放在跟其相关的地方。比如：祈祷学业或考试顺利的“御守り”就放在文具盒里或挂在书包上，也可以放在书架最上端，或者当书签使用。考试之前，双手合住“御守り”诚心诚意向神灵祈愿考试通过，或许真的会取得理想的成绩！

安全“御守り”要随身携带，也可以放在口袋里或者挂在汽车里面；结缘“御守り”也是要随身携带的。其实，日本人一般都会把御守随身携带。如果是放在家里的话，就不要放在柜子或者盒子里，要放在高且显眼的位置。

五、日本“御守り”的几个小禁忌

近年来，去日本旅游的中国人越来越多。大家到日本旅游时，都喜欢买个“御守り”来作为纪念，还喜欢送给家人和好友。不过在购买“御守り”时，也是有一些讲究的（如图17－3）

1. “御守り”千万不能打开

有些人好奇心很强，拿到“御守り”之后总忍不住打开看看里面到底装有什么东西。

“御守り”上面系着一个小结，代表着将神明的力量紧紧锁在护身符里。当你打开锦囊偷看里面的护身符时，就等于是把神力给释放出来了，这样“御守り”瞬间就失去了它的效用。

2. 一次不要买太多个“御守り”

一般而言同时佩戴多种“御守り”对运势无影响，但是如果是帮自己求的，最好不要买太多，而且一次只能配戴一种御守，以免发生宗教教义上的冲突问题。

3. “御守り”不要转送他人

当你购买“御守り”，如果原先是替自己求的，那么即便身旁的人有迫切的需要，也最好不要转送给别人。毕竟跟原先祈求时的目的和要庇护的对象都发生了改变，也就会失去了它的最初用意了。

4. 网购“御守り”值得商榷

有些人一时没有办法亲自到日本去求“御守り”，于是购物网站上就出现了种类繁多、功能齐全的“御守り”。“御守り”最重要的还是祈求时虔诚的心意，如果只是想要一个好看的挂件，从网上购买也是一种方法。

5. “御守り”的有效期为一年

通常“御守り”的有效期限大多以一年为限。“御守り”受到外界的“气”的污染，渐渐无法发挥出其纯粹的功效。因此，无论护身符是否实现了你的愿望，最后还是要好好处理掉它们。

图 17－3

6. 不能随意丢弃“御守り”

“御守り”用了一段时间后，绳子可能会坏掉或弄脏，通常是一年的有效期过后，即使保存完整的“御守り”，也不会继续用下去。那么，该怎么处理这些“御守り”呢？可不可以当垃圾随意扔掉？当然不可以！毕竟它承载了你的美好愿望和神灵对你的祝福，如果就这么扔掉的话对神灵也是一种不敬。

日本人年初买的“御守り”，到了年末的时候就会心怀感谢之情，亲自到购买“御守り”的地方归还它，同时告诉神祈愿的结果。

如果还觉得麻烦的话，也可自行处理。最好用白纸包裹住护身符，里头加点粗盐一并燃烧，盐在日本文化中有避邪除厄的净化效果。

コラム

願いが叶いますように

御守りは、「幸運を呼び込み、邪気を追い払う」と言われており、小さな木片や紙片に神の名や祈願文、寺社名などが書き込まれています。御守りはどれも、袋の口がしっかりと閉じられていて、中身はなかなか見ることができません。しかし、隠されていれば隠されているほど、その中身を知りたくなるのが私たち人間の性（さが）ですから、つい袋を開けてみる人もいるようですが、そんなことはしない方がいいのです。開けた瞬間、御守りの「ご利益」が無くなるという説もありますから。

御守りは、神社や寺で頂くことができます。頂く、と言っても、ちゃんと祈願料をお支払いしてから頂くのです。御守りのご利益には、合格、安産、交通安全、商売繁盛、無病息災などさまざまあり、それらがずらりと並んでいると、どれを選べばいいか分からなくなります。「家内安全と無病息災はどちらも捨てがたい。」、「健康運がないと金運もなくなるけど、金運がなきゃ健康運もなくなる。」などなど、いろいろ悩んだあげく、たくさん買ってしまうこともあるようです。しかし、あまり欲深いことはやめましょう。

御守りには、御守り袋に入れて身につけたり、車の中に吊るしたりするものと、家の中にある神棚に置いたり、柱や門戸に貼りつけたりするものとがあります。

また旅に出たり、危険な仕事をしなければならない家族や恋人に贈って、安全や健康を祈ることも、一般に行われています。

御守りの効力は通常1年とされ、それを過ぎると、手元に置いておくのはあまりよろしくないとされているようです。御守りの処理は、普通「お焚き上げ」になりますが、頂いた場所に返しに行くか、最寄りの神社仏閣にお願いしに行ったほうがいいでしょう。それができない場合は、郵送も可能なようです。

チャレンジ問題

1. 皆さんは、日本の神社やお寺で、御守りを頂いたことがありますか。
2. どんな御守りを頂きたいですか。
3. 御守りの効力についてどう思いますか。

18　日本は自販機大国

まずはここから

ミラー：ああ、やっと終わりましたね。
吉田：ええ。この頃、残業が多くて大変でしたね。
ミラー：あ、もう11時ですね。急がないと……。
吉田：でも、お腹が空きましたね。何か食べに行きませんか。
ミラー：そうですね。ピザが食べたいんですが、もうこんな時間だし、ピザの店、とっくに閉まってるでしょうね。
吉田：大丈夫ですよ。近くにピザの自動販売機がありますから。
ミラー：ええ、本当ですか。自販機でピザも買えるんですか。日本の自販機って、本当に便利ですね。

一、自動販売機

“自動販売機”，就是中文的“自动售货机”“自动贩卖机”，可以简称为“自販機”。它是一部具有检测货币功能，并自动同顾客进行交易，帮助顾客购买所选商品的机器。

说起“自动售货机”我们并不陌生，世界上的其他国家当然也有“自动售货机”，但是一般都是以卖饮料为主，而且大都放在学校、车站、医院等人流多的室内场所。无论是在功能还是在销售的商品种类方面，与日本的“自动售货机”相比都有种“小巫见大巫”的感觉。

“自动售货机”在日本普及已有多年的历史了。所以它的分布场所很广泛，大到机场、大商场、电车站、学校，小到街头巷尾、银行、饮食店、加油站等等，到处都有它们的身影，是当之无愧的自动售货机大国。日本如今有超过500万台自动售货机分布在城市乡村的各个角落，平均23人就会配有一台自动售货机。

二、「自動販売機」で何が買える

日本的自动售货机就像是大雄的哆啦A梦，可以解决一切需求。其中包括报纸、杂志、雨伞、鲜花，蔬菜、水果、内衣、手信、耳机、充电器、制作贩卖名片等多达6000多种商品。其种类之多，功能强大齐全到令人咋舌，只有你想不到的，没有你买不到的!

1. 饮料贩卖机

日本最普及、随处可见的自动贩卖机就是饮料贩卖机了，在地铁站、大街小巷、景区、校园、商店等各种地方都能看到饮料贩卖机，而且可以选择的种类非常丰富，包括矿泉水、咖啡、碳酸饮料、运动饮料、果汁等，令人眼花缭乱。

1957年，日本最早的饮料自贩机出现了，只要把纸杯放在出水口下，放进10日元，冷冻果汁就会喷出来；1965年，随着罐装可口可乐的出现，只需投币按钮，罐装饮料就会出来的自贩机开始在全国普及。

最人性化的一点就是根据季节不同，饮料的温度是可以选择的。冬季咖啡分热的和常温的，在冬天时许多贩卖机会提供热腾腾的饮料，红色写着「あたたかい」的是热饮，蓝色写着「つめたい」的是冷饮。如今的饮料自贩机，已经发展到环保节能型了，比如冷热两用的饮料机，制冷产生的热量给饮料进行加热，就大大降低了能耗。

2. 水果、蔬菜贩卖机

吃水果不一定要到超市买，在贩卖机买也很方便。苹果被洗净切好，还有香蕉、橘子等多种水果。这类贩卖机不仅贩卖各类水果，还有大米，新鲜蔬菜、鸡蛋。这些机器直接和农场合作，每天有专人补货换货，保证品质新鲜。主妇们不用跑菜市场，在自家楼下的贩卖机就可以购物（如图18－1）。

图18－1

3. 吃货贩卖机

下班路上，章鱼小丸子、鲷鱼烧、薯条炸鸡这些零食也不容错过。还有泡面、面包等，都是饥饿时刻的最佳搭档，要在街头的深夜食堂来一碗吗？（如图18－2）

完全不用自己动手，贩卖机里的配菜和小料可自由选择。只要数十秒时间，一碗现煮的乌冬面或荞麦面直接送到你面前。想要吃熟食，贩卖机里绝非只有拉面，还有关东煮、饭团、寿司、咖喱饭、饺子、炸薯条、汉堡等。每台机器彷佛就是一个小型路边摊，24 小时自助服务，随时可以填饱肚子，绝对是单身青年和“吃货”的福利。

图 18－2

近期，在日本广岛县就出现了一台披萨自动贩卖机，投入钱币后约 3 分钟，取出口便会弹出一个打包好的热披萨。自动贩卖机里的披萨共有 2 种可选，售价 980 日元（约人民币 60 元）的玛格丽特披萨，以及售价 1280 日元（约人民币 80 元）的四种芝士披萨，机器内披萨均为意大利进口。

4. 日常用品

如果突然遇到狂风暴雨，雨伞贩卖机绝对是大救星。直接投币买一把雨伞，被困地铁站或商店等麻烦事儿立马得到解决。除此之外还有餐具贩卖机、报刊书籍贩卖机、手提包贩卖机、化妆品贩卖机等，种类繁多数也数不清（如图 18－3）。

5. 电器产品贩卖机

千万不要小看街头的电器产品贩卖机，iphone、ipad、SIM 卡、耳机、相机、电池……应有尽有，丝毫不输一个电子产品商场（如图 18－4）。

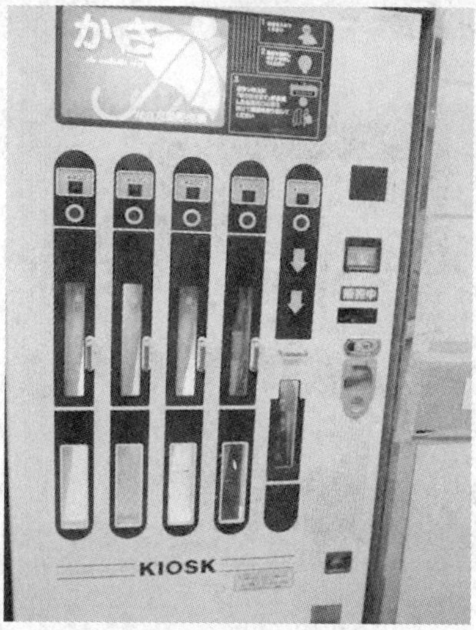

图 18－3

图 18－4

6. 智能贩卖机

热衷机器人事业的日本人把贩卖机做得越来越智能（如图 18－5、图 18－6）。

图18－5

图18－6

在发生地震等灾害时，管理者可以远程操控机器无偿提供食物和饮用水，机器内部电池可作为停电时的应急电源；搭载了AED自动体外除颤机，可以为突发意外者急救使用（如图18－7）。

一些贩卖机侧面添加了紧急电话和定位功能，如果有突发事件，你想要报警或者打火警电话时，很可能周围没有标志性建筑，你也并不知道自己的具体位置。这时，你只要跑向这类自动贩卖机，你就立刻知道自己的准确位置了。

在日本地铁站里的「ACURE」有一台非常聪明的自动贩卖机，是全智能触屏式的。这类自动贩卖机上安装的传感器会自动判断顾客的年龄和性别，并为顾客显示相应的商品推荐（如图18－8）。例如：向年轻女性推荐加了维生素的碳酸饮料或茉莉花茶、低脂无糖茶，向下班回家的男性公司职员推荐咖啡或营养饮料。而且每次推荐的都可能不同，它会根据天气和温度为你找到当天最适合喝的饮品，非常贴心。

图18－7

图18－8

这类贩卖机没有投币口，在手机app上扫二维码付款购买即可。可以单次或多次购买，甚至可以把二维码发送给别人，不用见面就能请朋友喝饮料。

日本有法律明文规定不能出售烟酒给未成年人，于是产品制造商在贩卖机上安装了检验年龄的设备，持有驾照或成人 IC 卡的成年人才能从机器上买到烟酒（如图 18－9、18－10）。

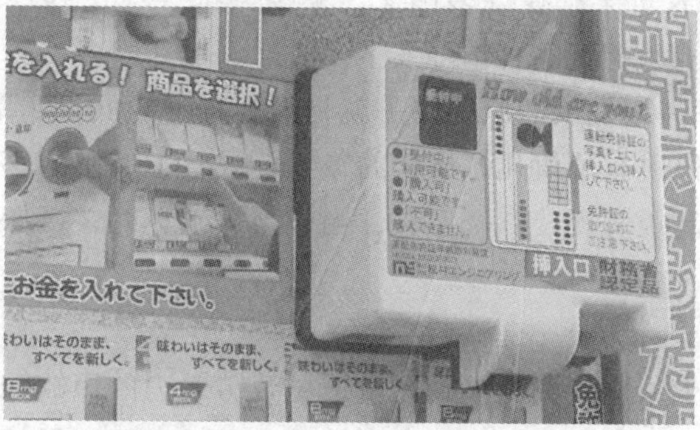

图 18－9

图 18－10

7. 奇葩贩卖机

一个小小的贩卖机，在日本人手里花样百出，大放异彩。某些功能在其他国家几乎没有，这也让人们不得不佩服他们的想像力。

（1）宠物洗澡贩卖机

除了为人服务，日本的贩卖机还考虑到人们的宠物，推出了宠物洗澡贩卖机。“懒癌患者”不想帮宠物洗澡，可以试试这种自动帮宠物洗澡的自动贩卖机。

（2）鲜花贩卖机

赴约时如果没时间去花店或探望病人时想送花，可以在街头的贩卖机轻松解决（如图 18－11）。

（3）私密的生活用品

胸罩、内裤、丝袜、卫生巾、尿不湿等私密的生活用品也能在贩卖机里买到（如图 18－12）。

图 18－11

图 18－12

三、日本自动贩卖机数量多的原因

日本之所以有如此数量惊人、类型众多的自动贩卖机，与日本先进的科技、良好的治安环境以及国民素质是分不开的。

（1）良好的治安环境

无论是自动贩卖机，还是无人店和无人货架，在许多国家，不少人都会讨论到“偷窃”会带来多少损失。但是在日本，很少有人担忧这种情况发生。

日本自动贩卖机从20世纪到今天仍然持续发展的原因之一就是因为日本的低犯罪率，其中破坏和财产犯罪更少。即便自动贩卖机里有价值几万日元的货物，或置于偏僻的小巷和街道上，也很少遭到破坏。并且很多自动贩卖机装有摄像头，当机器被破坏时，摄像头将自动联网警察局。

（2）日本劳动力成本高

随着日本经济的发展，人口老龄化和少子化现象越来越严重，导致劳动力的短缺和成本高昂。自动贩卖机取代销售人员是解决这个问题的好办法。自动贩卖机只需要少量的工作人员，定期拜访运营商补充货物和清空现金，减少了不少经营成本（如图18－13）。

2018年世界各国人口密度排行榜

http://www.ttpaihang.com 2018-11-19

排名	国家	年中人口数（万人）	人口增长率（%）	人口密度（人/平方公里）
1	新加坡	561.2	0.09	7915.73
2	孟加拉国	16467.0	1.05	1265.04
3	韩国	5146.6	0.43	527.97
4	荷兰	1713.3	0.60	508.54
5	印度	133918.0	1.13	450.42
6	以色列	871.2	1.93	402.61
7	菲律宾	10491.8	1.54	351.87
8	日本	12678.6	-0.16	347.78

图18－13

（3）高人口密度和昂贵的地产

日本人口约为1.27亿人，全国面积与美国加州差不多大，但其面积的75%由不太适合住人的山区构成，这就导致了93%的日本人住在城市中，使其成为世界上人口密度最高的国家之一。

高人口密度推动了日本几十年来房地产价格的上涨，日本城市居民大多住在狭小而价格高昂的公寓内，这也就意味着日本人没有足够的空间来存放消费品，比如仓库类。日本的一些公司宁愿在街上放一台自动售货机，也不愿意开一家零售店。

（4）现金社会

不同于中国近些年来比重不断增大的微信、支付宝等移动支付，日本人依旧热衷于使用现金。日本的硬币有50、100、500日元等面值（如图18－14、图18－15）。当买过东西之后，口袋里装有很多硬币时，将硬币投进自动售货机买杯咖啡或者买袋零食则成为一种明智之举。

图 18-14

图 18-15

不过，近期为了迎合各国游客，日本饮料企业伊藤园与开发智能手机相关服务商 NEOS 共同开发自动售货机，该自动售货机可使用“微信支付”付款，方便了很多顾客的同时，也提高了销售额。

（5）对自动化上瘾

新闻上不少奇奇怪怪的机器人大多是日本制造，日本人对于“自动化”的迷恋已经变成了一种文化。日本的一名记者 Tsutomu Washizu 曾经写了一本关于日本自动售货机历史的书。在书中，他把自动贩卖机如此受欢迎的原因，归功于日本人对于机器的喜爱。

（6）日本的大多数自动贩卖机技术都很好，寿命相对较长，淘汰率低，这也是自动贩卖机不断增加的原因之一。

自动贩卖机俨然已经是一种最平常的日式生活用品，他们似乎把所有能想到的东西都塞进了机器里。

四、中国早期自动售货机的情况

全世界都有自动售货机，却只在日本形成了一种独特的文化。相对于无所不能的日本自动贩卖机，中国的贩卖机可以说是还处于快速发展的阶段。

日本贩卖机是从“二战”后开始兴起的，放置自动贩卖机的地方也从原有的购物中心、地铁站、学校扩展到大街小巷，随处可见。自动贩卖机约在 20 世纪 90 年代初期进入中国市场，并且发展状况不均衡，华东和华南地区的一些大城市，自动贩卖机的普及率更高一些。

前期，在产品类别上，中国把自动贩卖机更多地定义为卖一些食品、饮料的机器，而日本的自动贩卖机就像是微型的便利店。

在服务功能上，中国的售货机多为卖货，而日本的售卖机承担起了提供商品、提供服务的任务。2011 年，日本朝阳饮料公司推出一种既能提供饮料，还能在其 50 米范围内提供 WiFi 信号的自动贩售机；由于日本自然灾害比较多，当地震、台风等自然灾害发生时，自动贩售机可以替代人力一直处于服务状态，不仅在屏幕上提供灾害情况和避难信息，还可以让市民无需投币即可取出商品（如图 18－16）。

图 18－16

コラム

何でも出てくる、日本の自販機

昨今、自動販売機（以下、自販機）はもはや珍しい物ではありません。私たちの学校にも何台か置いてあり、皆さんも授業が終わったら、自販機で好きな飲み物を買ったりしていますよね。他にも駅など、人通りの多い場所に自販機がありますが、日本に比べると、その数も種類も雲泥の差です。

日本には500万台以上もの自販機があり、大都会から田舎まで、そして、空港、学校、駅、駐車場、街角さらに道端など、至るところにあります。自販機がない道を探すほうが難しいぐらいで、まさに日本は、「自販機大国」と言えるでしょう。

また、日本の自販機は、まるで何でも出せる「ドラえもんのポケット」のようで、買えないものがないと言っても過言ではありません。飲み物だけでなく、果物、野菜、ラーメン、ピザ、新聞、雑誌、傘、電気製品、……その種類は数えきれないほどです。お酒やタバコが買える自販機は日本独特で、他にも、ペットのシャワーができる自販機など、ちょっと変わっているけれど、気が利いた自販機もあります。自販機があると、ちょっとしたものなら、わざわざ遠くまで買いに行く必要もなく、大変便利です。ありがたいですね。

しかし、なぜ日本には自販機がこんなに多いかというと、一番の理由は、治安です。日本は世界でも犯罪率が最も低い国で、自販機が壊されて中の現金や商品が奪われる、なんてことはありません。また、昨今、少子高齢化に伴い、働き手の不足や一人当たりの人件費の上昇も、その理由の一つだと考えられます。自販機だと、働くのは機械で、人は必要なく、人件費もかかりませんから。

とにかく、自販機は、日本人の日常生活において必要不可欠な存在になり、日本ならではの独特な文化を築き上げたと言っても、過言ではないでしょう。

チャレンジ問題

1. 皆さんの周りにある自販機ではどんなものを売っていますか。
2. どんな時、自販機を利用しますか。
3. どんな自販機があったら嬉しいですか。

19　日本は温泉天国

まずはここから

由美：日本の温泉はとても有名で、人気があるそうよ。
奈々子：うん、私も大好きだよ！温泉は体にいいし、とっても気持ちいいよ。
由美：行きたいなあ。
奈々子：それじゃ、今度の日曜日に一緒に行こう。
由美：うん、行こう。うわあ、楽しみ！

一、お湯って何？什么叫“お湯”？（如图 19－1）

在日语中，“お湯”就是温泉的意思。处于环太平洋火山地震带上的岛国日本，由于地热丰富，温泉资源非常丰富。据不完全统计，日本从北到南约有 2600 多座温泉，7.5 万家温泉旅馆。据悉，每年日本约有 1.1 亿人次使用温泉，相当于日本的总人口数。因而，日本有“温泉王国”的美称。日本的温泉不仅数量多、种类多，而且质量很高，各地几乎都有有名的温泉。

在日本的《古事记》《日本书纪》等历史文献中就有关于天皇泡温泉的详尽描述，说

图 19－1

明在很久以前日本人就已经学会了泡温泉。对日本人来说泡温泉是一种享受，更是生活中必不可少的一部分。

二、日本的温泉文化

温泉旅馆是日本的一大旅游资源和特色，并由此构成了日本独特的温泉文化（如图 19－2）。时至今日，日本的温泉产业已经得到了长足的发展，各地温泉度假村林立。一到节假日，或携妻带子的家庭游，或甜蜜情侣二人世界，或老夫老妻的夕阳红，把大大小小的温泉旅馆填个水泄不通。

旅馆内的客房一般用屏障分开，屋内有多项生活设施，提供舒适的居住空间，且有四季美食与酒水供应。料理可以说是旅馆的招牌，特别是在晚上会为您准备当地特产美食、乡土料理、怀石料理等，能让您大饱口福。

来到温泉旅馆自然是为了泡温泉，一般旅馆都会备有一到两个大型浴场，由于旅馆的不同，也会有露天浴场和各房间独用的浴室。日本人比起欧美人来更喜欢用热水洗澡，温泉通常在 37～43℃，一部分公共浴场甚至有超过 45℃的温泉。

图 19－2

三、在日本泡温泉的方式

1. 泡温泉前必须先淋浴

在日本，进入温泉池前必须先沐浴冲澡，彻底搓洗干净。这样一来是为了保持温泉的泉质量和卫生，毕竟是大家共享的泉池；二来是因为如果从温度很低的环境下直接进入热腾腾的温泉，对身体有害，所以必须先行沐浴来让身体适应温度。另外，在非独立隔间的沐浴处洗澡不允许站立冲洗，以免水花泡沫溅到旁人，沐浴完毕后要记得将凳子、水盆归位，地面上的泡沫也最好冲洗一下。

2. 进入场池时通常全裸、盘起头发

日本的温泉通常是全裸入池，这与中国人身着泳衣泡温泉大不相同，也让大部分的外国人都颇为不习惯，但毕竟入乡随俗嘛，这样泡温泉才最地道。另外就是，头发必须要盘起来，以免掉入池中，披头散发泡温泉有点失礼。

3. 浴衣的正确穿着方式

部分像是提供住宿的温泉旅馆等会为客人准备浴衣，大家一般会先在房间换上浴衣再前往温泉，不要以为随便穿上就可以哦，日本浴衣的正确穿法是左襟在上、右襟在下，千万不可穿反了。

4. 浴巾绝对不可浸入池中

有时候看一些日本旅游节目，会发现女宾用大浴巾包裹身体再进入温泉池，但这种做法只是因为拍摄缘故，实际上，用来包裹身体的大浴巾都是不应该浸入温泉之中的，和要先行沐浴的盘发一样，都是为了保持温泉的卫生。至于洗身体的小毛巾，虽然可以带入浴池，但一般都是用来敷脸和盖在头上，切勿泡进温泉里。

5. 有纹身者无法进入大众池泡温泉

日本的温泉，大多数是大众池，如果你有纹身（不论大小），那么请去寻找允许纹身者进入或是提供私人汤屋的温泉点，因为在日本人心目中，有纹身的人感觉与黑社会有关，店家都不愿意自己的店铺成为黑社会成员聚集的地方。如果忽略了入口处的警示坚持要入内泡温泉，被发现的话是很失礼的。

6. 进入温泉池时要与旁人示意问好

如果是容纳人数不多的小温泉池，在进入温泉池时应该与池内的其他客人问好，不懂日语的话点头示意也是可以的。但是要注意了，千万不要像深水炸弹一样跳入池中，另外在温泉池内游泳、搓澡洗头和大声谈笑都是非常失礼的行为。

四、日本有名的温泉胜地（如图19－3）

1. 别府温泉

别府温泉位于日本西南部的九州岛，隶属于大分县。东临广阔的别府海湾，西接建有阿苏国立公园的鹤见山脉，是一个山海环绕的温泉圣地。

别府最大的特点是，拥有世界上罕见的温泉资源。其泉水涌出量仅次于美国黄石国家公园，居世界第2位。根据温泉水质分类，世界上温泉共有11种，而别府就有10种之多，是世界上温泉种类最集中的地区。因此，别府成为日本人首选的温泉旅游观光城市。

图 19－3

2. 热海温泉

热海自古以来就是有名的温泉胜地，其最早的温泉纪录要追溯到 1200 年前，是日本最有名的温泉地之一。这里 42℃以上的温泉就有 262 处之多，每分钟涌出的温泉总量在 2 万升以上，在日本温泉胜地中占第 4 位。

热海温泉主要是“弱食盐泉”，泉内含有和海盐类似的食盐。洗过温泉后，皮肤上会留下盐分，具有很好的保湿效果，所以温泉浴后不会感到寒冷，还具发汗功效，可促进人体的新陈代谢，因此对风湿症、神经痛、皮肤病及内脏疾患等都有疗效。

3. 下吕温泉

江户时代，曾服侍德川家康、秀忠、家光、家纲等四代将军的儒学家林罗山（1583～1657）在诗文集中记述：全国温泉当中以草津、有马与下吕为天下三大名泉，因此这三座温泉号称【日本三大名泉】。

下吕温泉拥有千余年历史，地居日本中部的岐阜县下吕市，距离名古屋约 2 小时车程，每年约逾 200 万人次汤客，日本天皇与皇后也曾两度造访，盛名未减温泉乡朴实氛围。

下吕的涌泉温度最高达 84℃，是货真价实的天然温泉。泉质为碱性单纯温泉，无色透明，带有些微的香气，水质相当温和。浸泡在温和的热水里，可使肌肤如丝绢般滑嫩，对风湿性疾病也有极好疗效。

4. 草津温泉

草津温泉又名“药出汤”，位于群马县吾妻郡草津町，向来以自然环境优美，疗效极高而著称，自古便作为治病健体的著名温泉而远近闻名。其泉质为硫化氢酸性泉、酸性硫酸盐泉，水温高达 50～96℃。对治疗风湿性疾病、神经痛、慢性皮肤病、创伤、糖尿病等有一定疗效。

草津温泉的自然涌出量为每分钟约4万升，位居日本温泉之首。草津温泉街中的“汤田”，终年热气腾腾的高温泉水流淌不断。草津温泉还有一项传统活动，便是使用长木板搅拌温泉浴池中的泉水，以达到使温泉中药物元素混合均匀、降低温度和提高疗效的目的，成为温泉街的象征。

5. 有马温泉

有马温泉是日本关西地区最古老的温泉，位于兵库县神户市北区有马町，是公元8世纪由佛教僧人建造的疗养设施。它历史悠久，素有「神户之腹地」之称，是日本三大名泉（另两个是下吕温泉、草津温泉）之一。

有马温泉的水质富含矿物质，泉水中含有约为海水2倍浓度的铁盐泉，分为泉色似铁锈红的“金泉”和无色透明碳酸泉的“银泉”。金泉含铁强盐泉，水温90℃以上，对风湿病、神经痛、妇女病、肠胃病具有一定疗效；银泉的水温在50℃左右，含碳酸泉和放射能泉，银泉对慢性消化系统疾病、慢性便秘、痛风具有一定疗效。

对日本人来说，冬天去泡温泉等于是去旅行的意思，作为日本旅行的一张名片，21世纪温泉旅行也将是日本最盛行的一种方式。

コラム

温泉に行こう！

日本は「温泉大国」だと言われています。豊かな温泉資源は、大自然から島国である日本への贈り物です。全国各地の温泉地の数は2983箇所（2018年生3月末現在）、源泉の数は27297箇所で、日本人にとって温泉はとても身近なものなのです。

世界各地にも温泉がありますが、世界の温泉と異なり、日本の温泉は、ただの温泉ではなく、日本文化の一端を担っていると言っても過言ではないでしょう。古来より、日本人は温泉に特別な感情を持ち、温泉を生活の一部として見てきました。日本での温泉の歴史は長く、温泉の起源と発展は火山国・日本ならではで、文化的かつ宗教的な色合いも見受けられます。また、温泉には体を癒す効果も認められており、昔から病気や怪我の治癒を目的に、湯治として多くの日本人に利用されてきました。

さて、日本の温泉に入るとき、外国人にとって一つ困ることがあるようです。それは、裸になる、ということです。他の国では温泉に入るとき、水着を着て入ることがほとんどです。しかし、これも文化の違いで、「裸の付き合い」をすることは、日本の温泉の魅力の一つだと言えます。また、日本の温泉に入るには、守らなければならないルールがいくつかありますが、それは気持ちい～い「お風呂」の章を参照してください。

日本の温泉産業は、今もなお、日本観光業と経済の発展に大きく寄与し、世界中の観光客が日本を訪れる理由の一つに、温泉があると言えるでしょう。そして、彼らが日本の温泉文化に触れることで、日本人が自然の恩恵である温泉を、また、温泉をもたらした自然を、心から大切にしていることを肌で感じることができるのではないでしょうか。日本人の心の故郷（ふるさと）・温泉に、ゆっくり入ってみませんか。そして、一言、極楽、極楽！

チャレンジ問題

1. 日本の温泉の魅力は何だと思いますか。
2. 中国にも温泉がありますが、日本の温泉とどんなところが違いますか。
3. 友達と1泊2日の温泉旅行に行く計画を立ててみましょう。

20　これ、ほんの気持ちです

まずはここから

本田：	初めまして。隣に越してきた本田です。これからお世話になります。どうぞよろしくお願いします。
木村：	初めまして。木村です。こちらこそよろしく。
本田：	あのう、これ、ほんの気持ちです。
木村：	まあ、ご丁寧に、すみません。

一、日本的送礼文化

送礼作为日本人的一种习俗，是他们事业和社会关系的重要组成部分。在日本，人逢喜事要送礼，租赁房屋时要送礼，各种节日要送礼，旅游归来要送礼，新官上任要送礼，在许许多多特定的场合，赠送礼品成为一种广泛的习惯和礼仪。按照日本人的观念，送礼是表达感激、尊敬等心情的一种很好的方式，这种以实物表达的方式远胜于语言表达的方式。

可见，日本人注重送礼的习俗显然与日本人的恩情观有联系。在日本，恩情债的分量不会随着岁月的流逝而减少，相反它犹如某种利息的累计而日益深厚，恩恩相报永无止境，成为一种感情凝聚力不可缺少的精神纽带。

二、日本人送礼种类多

一般来讲，日本人送的礼品大都是日常使用的、能长时间存放的食品之类，最常见的有酒、茶叶、咖啡、食用油、紫菜等。送什么礼物还要考虑对方的家庭构成、年龄、人数等状况，根据对方的喜好和实用性决定。例如：送给人口多的家庭调味品、送给喜欢喝酒的人啤酒等。

节日性的送礼：在日本人的日常生活中，以岁末和中元节为主，这两个节日都有向给予自己照顾的人表达感谢之情的意思。所以晚辈送长辈，朋友送朋友都比较常见。在新年，给长辈、亲戚朋友、左邻右舍拜年时，贺年的客人要为小孩准备压岁钱，并把钱装在纸袋里，钱不要给的过多，过多了反而失礼。中元节即7月15日，按照传统，人们在这一天向在上半年有亲属去世的家庭送些鱼表示慰问，同时也要给家人和公司里比自己身份高的人送礼。除了日本的传统节日，还有外来的圣诞节、情人节等等也流行送礼。

祝贺性的送礼：从祝贺孩子出生开始，之后的七五三、庆祝入学、庆祝毕业、成人仪式、结婚、庆祝搬新家等等，日本人都会以送礼来向朋友表示祝贺。比如日本有男孩节和女孩节，女孩节是3月3日，男孩节是5月5日，每年的此时，亲戚朋友互赠礼物给对方的孩子。随着孩子的长大，入学、毕业、成人仪式、结婚……这些都是人生中非常重要的时刻，所以无论是作为长辈还是朋友，送一份礼物表示心意也是人之常情。

除了逢入学、搬家、结婚、就职等人生的阶段性大事都得祝贺，生病、受灾、丧礼时的慰问礼品也不可缺少。另外，到别人家做客时要随带礼品以示礼节；迁入新居时，按照传统要向邻居赠送荞麦面或者洗衣粉、肥皂之类的生活用品，表示近邻友好；外出旅游后，往往会带一点小礼物送给同事或邻居，表示大家“有福同享”。

三、日本人送礼讲究多

时间有讲究：绝对不能在对方不方便或者不舒服的时候送礼，如果是过生日或纪念日，礼物要当天赠送，举行庆祝活动则要提前送礼，显得比较正式（如图20－1）。

方式有讲究：平时礼品以小礼物为主，注意送现金的时候，忌讳直接用手递钱，一般用信封裹住。送礼的时候会谦虚地说「つまらないものですが」（一点不值钱的东西，请笑纳），对方为表示自己的感谢之意，一般会说「ご丁寧に、ありがとうございます」（非常感谢）。

金额有讲究：参加红事和白事时一般送现金，现金包装纸的折叠方法会有细微差别。为喜庆的事情送钱，要把纸币有人物的一面与信封正面相吻合，如果是为丧事送钱，就要把纸币有人物的一面面对信封的背面，千万不能弄错。而且婚礼的礼金一定要是奇数，避免出现“9”。

图20－1

礼物有讲究：在日本给别人送礼时，禁止送拖鞋、袜子，因为这存在着要把对方“踩在脚下”的寓意。也不能送领带和项链，因为有让对方去自杀的意思。对于长辈等，不能送钟表和书包，因为有“补进亏空”的含义，意味着看不起人家，有督促对方好好学习的意思。对于新婚夫妇，不能送厨房使用的刀具或者瓷器，刀具含有切断婚缘的意思，而瓷器易碎，夫妻关系当然是越牢固越好，因此尽量避免送让人联想到分离、破碎等寓意的礼品。另外，梳子也是不能送的，在日文里面，梳子的发音是“苦”和“死”，显得不吉利。

包装有讲究：一件礼品不管价值如何，往往里三层外三层地包装，再系上一条好看的缎带，让人看得赏心悦目（如图20－2）。日本有很多礼品商店，出售各种颜色和图案的包装纸、包装盒。而且不同包装还有不同的说法：喜庆礼品要打成金银、红白或金色的剪刀状绳结，预示吉庆之路愈来愈广；丧事礼品则打成黑白或银白钳状绳结，表示凶丧不再降临。日本人认为绳结之处有人的灵魂，能够表达送礼人的诚意。

图20－2

四、中日送礼差异多

日本、中国都有爱送礼的习惯，但是在送礼的细节和注意方面，还是有很大的不同，列举如下：

日本人一般不会赠送太贵重的礼品，以食品或日常生活用品居多，其中毛巾是最常见的礼物。因为如果礼物太贵重的话，接受礼品的人担心拿人手短，接受礼品以后对方有什么事情要拜托自己，所以一般会拒绝。而毛巾价格便宜，送礼的人和收礼的人都不会有负担，所以一块包装精美的毛巾也是一份非常体面的礼品。

日本人是赠酒不赠烟（如图 20－3）。烟、酒同样都是嗜好品，但是因为烟草对健康不利，在日本是被认为不适合做礼物送人的。

图 20－3

与中国崇尚偶数的习惯相反，在日本奇数被视为吉祥的数字，结婚送的现金，一般是1、3、5 万日元这样的单数，而且一定要用新币。送物品也要送单数，日本人把夫妇作为一个整体看，他们认为成双的东西容易分离，所以单数为佳。

据说在全世界各地，2 月 14 日的情人节一到，就是男人给女人送礼物的日子，但在日本却恰恰相反。这一天规定只能女人给男人送巧克力，而男人要等到 3 月 14 日才能还礼给女方。

在日本租用公寓或者房子的时候，日本人喜欢给房东或者邻居送一些点心、毛巾等小礼物，意为“请今后多加照顾”，此时收的礼物不需要回礼。

在回礼方面，日本人回礼的价格一般为收礼价格的一半。而中国人的习惯是回礼的价格要与收到礼物的价格大体相同。

一份精致可口的点心、一箱啤酒、一瓶红酒、一束鲜花、一盒茶叶，甚至一个西瓜都可以成为日本人拜访亲友的礼物，正所谓礼轻情意重（如图 20－4）。

图20－4

コラム

贈り物には心を添えて

日本も中国も「礼儀を重んじる国」で、お世話になった方、会社の上司、学校の先生、また、友人や知人に贈り物をする習慣があり、その機会も様々です。贈り物は、初対面の人への心ばかりの品であったり、人に感謝や謝罪をするときの心からの品であったり、お祝いのための品であったりします。例えば、温泉旅行に出かけ、近所の人にお土産を買って渡すのも、贈り物の一つです。

日本の贈り物の習慣は、もはや日本独特の文化であり、贈り物をする頻度も、外国に比べて格段に多いです。お正月のお年玉、お中元やお歳暮の定期的な贈答、それに加え、誕生日、クリスマス、バレンタインデー、～～記念日などです。また、親戚や近所に子どもが生まれれば、出産祝いに始まり、七五三のお祝い、入学試験の合格祝い、入学祝い、卒業祝い、成人式のお祝い、結婚祝い、新築祝い、などが続きます。

さて、外国人は、日本のどんなものが好みなのでしょうか。もちろん十人十色で、人それぞれだと思いますが、外国人の知り合いにどんなプレゼントやお土産を渡せば喜ばれるだろうか、そんな疑問にお答えするために、日本のアイテムを5つほど集めてみました。

箸（はし）：和食ブームに伴い、箸を求める外国人は非常に多いです。黒炭や漆塗りなど、日本独自の文化が感じられる箸をプレゼントすれば、間違いなく喜ばれるはずです。

扇子（せんす）：オシャレな柄で気品漂う日本の扇子は、外国人から見ても非常に魅力的なアイテムのようです。好みによって違いますが、可愛い柄より渋い柄の方が、より日本風だと好まれるようです。

風呂敷（ふろしき）：和風柄の風呂敷は、外国人へのお土産には定番のアイテムです。一枚の軽い布である風呂敷は、荷物としてかさばらないのもポイントの一つです。いろいろな包み方があるので、それを覚えてお伝えすると、二重に喜ばれること間違いなしです。

和菓子（わがし）：巧みな技により作られた伝統的な和菓子は、繊細で、外国人の目には非常に美しく映ります。元々、お茶請け用に作られた和菓子なので、「ちょっと甘い」と感じる人には、日本茶と一緒に召し上がっていただくといいでしょう。

博多人形（はかたにんぎょう）：繊細な造りでありながらも、上品で華やかな博多人形は、外国人が想像する日本文化がすべて詰まっています。お土産品としては少々値が張りますが、間違いなく心に残る贈り物となるはずです。

日本人は、人間関係を重視し、良好な関係を築いていくために、贈り物をする習慣があります。贈答は、日本人の生活の中で、昔も今も大きな役割を果たしています。そして、贈答には、その品物だけでなく、相手を想う気持ちも込められているのです。このような日本の風習や文化、また日本人の心をよく理解し、日本人と付き合うようにすれば、また一歩、お互いの距離が縮まるはずです。機会があったら、「これ、ほんの気持ちです。」と贈り物をしてみませんか。

チャレンジ問題

1. 皆さんは普段どんな贈り物をしますか。
2. 贈り物をする行為について、どう思いますか。
3. 贈られて嬉しい日本の品は何ですか。

附　录

1　日本是怎么样的国家？

对话部分

真美：喂喂，小李，你去过日本吗？
李：没有，我总想着什么时候去一下呢。首先去东京吧…
真美：东京啊，其实称为“东京都”，是日本的首都，位于本州岛哦！
李：啊，这样啊。我什么都不知道啊…
真美：那么，接下来我们一起来学习关于日本的各种知识吧！
李：嗯，就那么办！

小专栏

关于日本知多少？

日本是由北海道、四国、九州、冲绳和其他几千个小岛组成的。全部岛屿加起来，日本的面积约为38平方千米。日本和世界上的200多个国家相比，可以排在第62名。因此，从世界整体来看，日本的面积实际上还是能算得上国土宽阔的。

说起日本，大家的脑海中也许立刻会浮现“樱花、富士山、动漫”吧？日本可不止这些东西哦。还有很多很多大家所不知道的趣事呢！

那么，各位，接下来让我们关于日本，打开更旷阔的视野学习吧！这样做的话，平时所学的日语也能变得更有趣，更神秘的。

那么，让我们开启日本之旅，出发！

挑战题

1. 你学日语的契机是什么？
2. 对你而言，说起日本，你想到什么？
3. 你想知道关于日本的什么？

2　营养丰富的日本校餐

对话部分

太郎：妈妈，今天的校餐，可好吃了。
妈妈：是吗？你吃什么了？
太郎：咖喱！我连最讨厌的胡萝卜和洋葱都吃了。还有，牛奶也很好喝。我一点都没剩下全部吃光光了。
妈妈：是吗！你真是个好孩子！

小专栏

今天也要好好吃饭

日本的小学和中学一到午餐时间，学校就会提供营养丰富的校餐。校餐的起源据说是在1889年山形县的一所私立小学开始免费提供午餐开始的。最初是以家境贫困的孩子为对象提供校餐的，但随着日本经济的发展，于1954年正式在全国的中小学实行校餐制度，全国的学生们都开始享受到美味的校餐了。家长们只要交付一天200日元左右的餐费，就不用担心孩子在学校的用餐了。

日本对校餐制度是严格管理的。首先营养师把学生的健康成长放在首位，去思考策划营养丰富的菜单。其次，按照这个菜单，尽可能去购买安心安全的食材。有些学校采用自产自消的方式，有的由附近的农家提供食材。食材备齐后，在卫生管理到位的校餐厨房内，烹饪师（负责校餐的大妈）开始制作校餐。烹饪的时间、顺序都是规定好的。烹饪师相互分配好了工作，进行校餐的准备。到了中午，厨房附近总能传来阵阵香味，孩子们早已等不及想吃校餐啦。

终于到了吃校餐的时间了。首先全体同学去洗手，要用肥皂把手洗干净。校餐值日生，系上围裙，戴上三角巾、口罩，去厨房，大家合作，齐心协力把校餐和餐具运到教室。并且回到教室就立刻准备分发校餐。准备好了，不是值日生的同学就会自觉排队，领取校餐。高年级中6年级的大哥哥大姐姐们会去刚入学的1年级孩子的教室，为他们分发校餐。

吃校餐的时间里，不是光是吃饭，这个时间也是培养学生“自己的事情自己做”的时间。另外，吃饭之前说：“我开动了”，吃完饭后说：“我吃饱了，多谢款待”，这样的日常问候语是对大自然、对食物、对为自己制作美味校餐的阿姨们表达感谢之情。

那么要提个小问题。校餐制作完毕后第一个吃的人是谁呢？答案是校长。校长会在分发校餐前进行试吃，确认校餐是否让人感到安全安心。这都是为了所有在校的孩子们。

来吧，各位，校餐准备好了，大家尽情地吃吧！那么，让我们大声说“我开动了!”

挑战题

1. 大家在读的中小学中有提供校餐吗？什么样的校餐会让大家期待呢？
2. 请在笔记本上写一下中国和日本的校餐的相似处和不同处。
3. 推荐看一下《Chef ~ 三星校餐》这个日本电视剧，对日本的校餐制度深入了解一下吧。

3 日本高中的社团

对话部分

龙：喂，放学后不去游戏中心玩吗？
修：不好意思，我要去社团。
龙：啊啊，说起来马上就是全国篮球比赛了，你可是篮球部的王牌选手呢。加油！
修：嗯，我会努力的。那么，回头见！
龙：好！啊啊……好无聊啊。我是不是也加入个社团比较好呢。

小专栏

欢欣雀跃、高中的社团

看关于日本校园的电视剧、动画片时，经常出现“社团”的场景。所谓的社团，主要是在学校放学后进行的运动和文化性活动，简称“部活”（社团）。学生提交申请书，得到入社许可后，才能正式参加社团活动。

社团的种类很多，比如体育类的，每个学校几乎都有棒球部，那是因为棒球是日本的国民运动。另外还有篮球部、足球部、网球部、游泳部等，这些体育类社团经常占领着人气榜。文艺类的比如舞蹈部、管弦乐部、花牌部、书法部、茶道部等，不同的学校种类多少会有些不同，但社团确实种类繁多。

特别是日本的高中社团都是以学生为中心自主进行活动的。每个社团会有一到两名顾问老师。作为夏天的风景线之一，比如要参加“夏季全国高中棒球大赛”的强队从外界招聘教练，这种情况也是屡见不鲜的。还有，体罚有时候会成为比较大的社会问题，过度的指导会被认为是有问题的，但是反过来看，也许正是因为对学生是充满了期待，才会有过度的教导。当然，不管发生什么事对学生动手是不允许的。另外，就算有些老师对社团的内容不了解，有时候也会成为社团的顾问老师，因为没有负责人社团活动没法进行，这个时候老师的作用就是默默地守护着正在进行练习的学生。可是，就算顾问老师不了解自己负责的那项运动，指导能力却很优秀的话，想要达到好成绩也不是遥远的梦想。

参加社团活动的学生，通过每天的反复练习，被选为选手参加比赛，不管胜负都能积累宝贵经验。就算不能参加比赛，也能支持自己的队友。一起分享这段时光。另外，通过参加社团，由于交友范围不局限于自己的班级，还能认识高年级的学生，甚至成为一生的朋友。

现在社团活动出现不少的问题也是事实。比如说在晨练、放学后的练习方面，一天的练习量太多了，对学业有影响，学生身体不舒服等。还有虽然每天有基本的练习，但一旦出现偷懒不练，无故休息等情况，会被视为掉队者和背叛者，有时候甚至会遭到过度的惩罚。

社团活动既有优点也有缺点，想去日本留学的各位，将来去了日本，如果有机会的话，请试着参加日本高中或者大学的社团、地区的俱乐部和兴趣小组。你就能够结交日本的朋友，也许还能提高你的口语水平！

挑战题

1. 你们的学校有社团吗？有些什么样的社团？
2. 请说说你们国家的社团和日本社团的相同点和不同点。
3. 你想加入什么样的社团？为什么？

4 舒舒服服地泡澡

对话部分

妈妈：小花，洗澡水放好啦。
女儿：好。马上去。（磨磨蹭蹭）
妈妈：你在干什么啊。快点去泡个澡！泡澡很舒服的哦。
女儿：嗯，我知道。我…今天要和妈妈一起泡澡。
妈妈：真是拿你没办法。那一起泡澡吧！

小专栏

啊啊～真是舒服的热水啊～

大家在日本泡过澡吗？在宾馆、酒店，甚至到朋友家拜访的时候，是否体验过当地的泡澡文化呢？在日本，说起泡澡，除了各家各户自己的浴缸外，还有大街小巷至今流传的传统澡堂和现在流行的超级澡堂等，各式各样应有尽有。不管怎么样，对日本人来说，“泡澡”是不可超越的期待。结束一天的辛苦，回到家，舒舒服服地泡个澡，这一天的疲劳都会烟消云散，使因学习和工作而疲惫的身体得到治愈。寂静的雪夜也好，大汗淋漓的夏夜也好，都有不同的泡澡特色。另外，根据泡澡当天的心情，放点泡澡粉，一边焚烧芳香剂，一边泡个澡，也可以最大效果地放松自己。

和以往不同，不管哪户人家虽然都有浴室，但是有时候想要在大澡盆里泡澡的人会去公共澡堂。例如叫做大江户温泉物语和暖水（在广岛有）那样的澡堂，很多人喜欢在那儿愉快地度过一天。去公共澡堂，可以一个人去，也可以和家人、恋人、公司的同伴去。在澡堂里，休息处还整齐地排列着漫画书，如果肚子饿可以吃点东西，还有各种按摩设备。一到休息日，一整天都能在那里轻松舒适地度过，让身心放松。

下面，本书简单地说明日本泡澡（个人住宅）的方式。首先在进入澡盆泡澡前，在澡盆外洗干净身体。澡盆的热水大家都会使用，所以不能在热水中洗自己的身体。洗干净身体后泡进热水里，使身体变温暖。只是，泡的时间过长容易气血攻心，所以要适度泡澡。

最后，要从澡盆出来的时候，不要放掉热水。

日本是个礼仪之邦，如果去日本，在日本人家里有机会泡澡的话，一定要遵守规定和礼节。而且，当你们泡澡时，请说一句，“啊啊，真是舒服啊……”

挑战题

1. 中国也有澡堂和温泉，泡澡的方式是怎么样的？和日本相比，请说说哪里不同？

2. 进入日本的澡堂，看到有一面墙壁画着代表日本的“某幅画”。那么，某幅画，是什么呢？

3. 累的时候，用什么方式能得到放松呢？

5　浴衣是夏天一道风景

对话部分

渡边：小马、听说这个休息天有一个烟花大会哦。
马：烟花大会？我一次都没有去过呢。
渡边：那如果方便的话我们一起去看吧，穿着浴衣哦。
马：好，我想去看看！但是我没有浴衣。
渡边：那么，我们这就去买吧！

小专栏

穿着浴衣出发吧！

浴衣，在以前被称为“汤帷子”，后来经过省略变成了浴衣的叫法。江户时代之前，说起泡澡，不是指把身体浸到热水里，而是一种蒸气浴。那时候，人们习惯穿着用麻料制成的汤帷子，“浴衣”这个汉字也可以说是从这个由来而产生的。

到了江户时代，棉质衣服在老百姓中间逐步流行，所以洗完澡以后人们就开始穿着棉质的浴衣。当时的浴衣是不能在别人面前穿着的，而现在的浴衣已然成了一种时尚，其种类繁多，颜色和设计都非常漂亮。一到夏天，会有各种节日、烟花大会等各种活动，不管男女老少都会穿着浴衣参加。而且，在夏天也随处可见穿着浴衣一起约会的年轻人，可以说浴衣是夏天的一道美丽的风景。

另外，说起浴衣可以让人们联想到温泉酒店。在温泉酒店的房间里，一般都准备了浴衣，最近也有一些温泉酒店可以自己选择喜欢的浴衣。舒舒服服地泡完温泉以后，穿着浴衣，可以自由地在酒店里到处走走。吃饭的时候、在院子里散步的时候，或者去附近的商业街买礼物的时候，穿着浴衣也是没关系的。但是，在穿浴衣的时候，有一点必须注意，那就是前襟的左边领子要放在右边领子的上面，如果反着穿的话，则表示给死人穿的衣服了。

现在日本已经有供游客租借和服或者浴衣的服务，游客可以挑选并预定好自己想穿的浴衣，只要当天去店里，就可以轻松地体验试穿浴衣、梳妆头饰和全套化妆的服务。游客旅行途中购物是旅行的一大乐趣，但是如果在购物之后，穿着浴衣闲庭信步于京都、奈良这样的古都之中又会是怎么样的一种感受呢？

挑战题

1. 如果要穿日本的浴衣，你想穿什么样的浴衣呢？
2. 日本的浴衣和中国的汉服相比，请试着举出其中的类似点和不同点。
3. 如果你是个设计师的话，会设计怎么样的浴衣呢？请试着画一下。

6　日本国民的节日

对话会话

山田：明天是儿童节啊，给儿子买什么好呢？
李：啊？儿童节？不是才5月吗？
山田：是的。在日本5月5日是儿童节。
李：这样啊，我才知道，中国的儿童节是6月1日。
山田：原来如此。

小专栏

节假日，你是如何度过的？

日本的法定节假日一年有16天，节假日最多的是5月份，有3天。从4月末到5月初，有好几天连休的假期，它们分别是“昭和之日（4月29日）”“宪法纪念日（5月3日）”“植树节（5月4日）”“儿童节（5月5日）”。如果节假日和星期天重合，那么第二天就可以补休，会变成长假，俗称“黄金周”。

大多数上班的人、小孩子和中小学学生们都喜欢节假日，因为到了节假日，可以和家人、朋友外出购物、吃饭，可以悠闲地享受闲暇时间。三连休的话，也有很多人到远处旅行。可能是因为这个原因，原来1月15日的“成人节”改成1月的第二个星期一；原来9月3日的“敬老日”改成9月的第三个星期一；原来10月10日的“体育日”改成10月的第2个星期一，对于能从周六开始休息的人来说就是让人愉快的三连休了，这一措施对日本的经济发展也是很有利的。

相反，对那些从事服务行业的人来说，节假日是非常难熬的。因为，这些行业的人节假日也要上班，而且客人的数量和交通量比平时增加好几倍，工作量和工作强度也随之增大。

还有，作为家庭主妇的妈妈也非常忙乱。平常可以一个人简单解决的中餐，如果家人在家休息的话，肯定要为他们精心准备，在家“无所事事”的丈夫和孩子们也妨碍打扫卫生，平日的生活节奏完全被打乱，说不定内心还会悄悄祈祷假期快点结束呢。

那么，同学们是否期待假期呢？大家又是怎么度过假期的呢？

挑战题

1. 中国都有什么节假日？
2. 中国和日本，过节假日的方式一样吗？
3. 日本有 3 个节日是为儿童过的，请上网查阅和了解这 3 个节日。

7　想说说看的方言

对话部分

小希：啊啊，しんどいわ（好累啊）。
康子：咦？你刚才说了什么？しんどい（你说累）って，是什么意思？
小希：是累了这个意思的方言。
康子：哇，这个挺有趣的嘛，下次教我方言吧。
小希：ええよ（好呀）。

小专栏

いま、なんばしよっと？（现在，你正在做什么？）

我们现在所学习的日语是以东京方言为基础制定的标准语，或者称为共通语。日本各地都有自己的发音、语音语调以及方言。根据调查，日本男性认为最可爱的方言从上往下排分别是京都方言、大阪方言、博多方言和广岛方言。

除了标准语以外人们听到最多的方言应该是大阪方言和京都方言。我们把它们统一称为关西方言。关西方言的中心，绝对是大阪方言。大阪的人口仅次于东京，所以说大阪方言的人自然也多了。另外，一打开电视，有很多爆笑综艺节目，关西出生的喜剧艺人都会参加这类综艺节目，听到大阪方言的机会也就多了。这么说起来，人气动画片《名侦探柯南》中的侦探，服部平次也说着一口地道的大阪方言呢。另一方面，京都方言雍容优雅。说起京都，京都的舞妓非常有名，舞妓说起京都方言的时候，发音的速度很慢，独特又优雅，因此很受观光客喜爱。

如是去日本留学，如果去的是日本的关西地区，一开始应该会因为不懂关西方言而感到困惑。随着对环境的适应，渐渐地能听懂关西方言，甚至也会说方言了。留学生活结束的时候，说不定比起标准语，方言说得更好。最初只是觉得有趣，渐渐地去模仿，对自己在使用的方言产生感情，最后着迷于方言，这就是方言独特的魅力吧。

最后，我想对学习日语的朋友们说，方言是有独特魅力的。因此，各地方言，能记住一两句是挺好的。可是，如果将来想要从事与日语相关的工作，不要去记方言，有必要好好地把共通语掌握好。特别是想成为日语老师的话，共通语是必须掌握的。

挑战题

1. 中国有多少种方言？请说说你知道的方言。
2. 你最想学的日本方言是什么？为什么？
3. 用你知道的日语方言，做个简单的对话吧。

8　当地的吉祥物

对话部分

花子：太郎，你听过“吉祥物”吗？
太郎：吉祥物？
花子：也就是“可爱的吉祥物，令人心情放松的吉祥物”的简称。
太郎：这样啊！那么，熊本熊也是其中之一吧。你能告诉我其他还有些什么吉祥物吗？
花子：OK。

小专栏

想被“吉祥物”治愈

日本每个县市都有当地的“吉祥物”，这些吉祥物非常受欢迎。除了当地的专属吉祥物外，日本现在已经有1500种吉祥物了，据说光是琦玉县竟然有100种以上的吉祥物。现在，比起电视明星，吉祥物更受世人的关注。可是为什么会诞生这么多的吉祥物？这些吉祥物为什么能抓住日本民众的心呢？

首先，我们来说明一下“吉祥物”的定义。“吉祥物”是“令人心情放松的吉祥物”的简称。所谓的“ゆるい”是让人放松的意思，也有光是看着就让人觉得可爱，被治愈的意思。而且在各地区举行的各种活动、产品介绍会等，吉祥物有介绍各县市、乡村的信息，公司、企业、团队的理念，简单明了地说明介绍商品时使用最多的就是吉祥物了。

而吉祥物被大家所喜爱的最大理由，正如其名，不就是让人放松吗？过去和现在，对于由于繁杂的人际交往而身心俱疲的现代人而言，光是待在自己身边的“可爱的东西”就能让自己放松身心，得到治愈。原本和家人、朋友在一起的那种舒适感，却很难在冰冷的人际关系交往中获得。因此，作为家人和朋友的代替品，宠物和吉祥物等才会被现代人所需求吧。

另外，在日本，自古民众就认为动植物、生长于自然的大树、岩石、山、河等都有精灵依附，这种神话，民间传说非常多，这其中，有一些以神仙、动物或者我们身边常有的物体为原型的吉祥物。正是拥有这样的历史的日本人，对具有人类特征、性格的吉祥物毫无抵抗力，不仅如此，或许设计拟人化的吉祥物还是日本人最擅长的部分。诸上原因，日本才有这么多的吉祥物诞生吧。

此外，“吉祥物”大国日本，每年都会举行“吉祥物大赛”，通过投票选出最受欢迎的吉祥物，看来“吉祥物”热潮今后还会一直持续下去吧。那么，大家最喜欢的“吉祥物”是什么呢？

挑战题

1. 在日本的“吉祥物”中，你最喜欢的是什么？
2. 中国有什么样的“吉祥物”？
3. 有吉祥物，或没有吉祥物，会给你的生活带来什么样的变化？

9　犹豫时去药妆店吧

对话部分

由纪：啊，唇彩没了。
和美：那去附近的药妆店吧。我喉咙痛，正想去买感冒药。
由纪：好的，家附近有药妆店真方便！
和美：是呢，而且药妆店里什么都有卖…
二人：最喜欢药妆店了！

小专栏

我最喜欢了！什么都能买的日本药妆店

日本的药妆店，药就不用说了，化妆品、生活用品、零食、饮料等，应有尽有。

因为是药妆店，最开始是经营非处方药的买卖。之后，只要拿着医院的处方，也可以买到医院指定的药品了。现在，按照顾客的需求，不仅是药，化妆品和生活用品等应有尽有，简直就像“百宝屋”一样。

日本的药妆店数量很多，几乎到处都有药妆店。旅行中，如果感冒了，症状较轻的话，在药妆店购买相应的感冒药就可以了。另外，经常使用的化妆品是日本产的话，用完之后去药妆店买就行了。也许有些人会认为百货商店的化妆品更好，其实日本药妆店所经营的化妆品中也有纯天然的，对身体和皮肤都很温和的化妆品，性价比很高，不管是在日本人之中还是国外游客之中都有很高的人气。

什么都能买到的日本药妆店，也算是日本的一大特色。今后也会有更多的商品陈列到店铺中，药妆店成为真正的“百宝屋”的日子一定并不遥远。

挑战题

1. 中国有药妆店吗？和日本相比有什么不同吗？
2. 如果你去日本的药妆店，想买什么？
3. 要吃药的时候，我们必须注意些什么？

10　好吃～日本拉面

对话部分

米勒：啊，肚子饿了。前两天吃的博多拉面真好吃。我们一起去吃好不好？
王：上个月我去北海道旅游，那里的拉面也很好吃。好怀念啊！
桑托斯：如果是拉面的话，我还是最喜欢喜多方拉面。
佐藤：原来大家都喜欢拉面啊。那今天我们就去吃拉面吧。
米勒：但是，大家喜欢的拉面都各不相同，怎么办？
佐藤：这没问题。去新横滨拉面博物馆的话，能吃全国各地的拉面呢。今天我请客，大家一起去吧。
王：还有那种地方啊。我才知道，那赶紧去吧。

小专栏

今天吃什么拉面？

大家吃过日本料理吗？一说起日本料理就会想起寿司、刺身、天妇罗、咖喱、拉面等。其中，拉面可以说是最大众化、最受欢迎的食物吧。

拉面从中国传入日本后，经过不断的改良，逐渐被打造成日本拉面独特的味道，如今成为代表日本的绝品料理。

据调查，有半数以上的日本人一周至少吃一次拉面。不仅日本人喜欢吃拉面，外国人也非常喜欢吃拉面。据说去日本旅游的外国人，也一定会去吃拉面。

日本拉面根据酱料主要分三种，即味噌拉面、酱油拉面和豚骨拉面。札幌的味噌拉面、东京的酱油拉面、博多的豚骨拉面被称为日本三大拉面。

而且，像京都的“拉面小路”那样，在同一个地方聚集全国各地拉面也是独具特色的。在这里，足不出户就可以品尝从北海道到九州博多等各地有名的拉面。比如，有札幌的「綱取物語」、福島喜多方的「坂内食堂」、京都的「ますたに」、博多的「一幸舍」、徳島的「ラーメン東大」、大阪的「きんせい」、名古屋「麵屋はなび」、東京的「東池袋大勝軒」等，给人们提供了极大的方便。

现在有很多拉面店，不仅把分店开在日本本土，还陆陆续续开到国外，这样不用特意去日本也可以吃正宗的日本拉面！

挑战题

1. 你吃过日本拉面吗？
2. 你喜欢吃日本哪里的拉面？为什么？
3. 你住的城市也有日本拉面店吗？什么时候想去吃拉面？

11 日本的私塾

对话部分

礼子：放学后我们去吃甜品不？
京子：好想去啊，但是，今天我要去补课啊。
礼子：这样啊，小京可是要考东京大学呢。
京子：嗯，现在不努力不行啊…不好意思，下次再邀请我哦！
礼子：嗯，我知道了。你努力学习哦！我支持你！

小专栏

日本人残酷的补习班！会永远继续吗？

日本的孩子可以说是“全世界学习最忙的”。为了将来找到好工作，必须考上好的大学。为了考上好的大学，必须考上好的高中，考上好的初中，好的小学。因此，如今的孩子，除了在学校里学习，每天还要去“私塾”（补习班）。

所谓私塾，过去就有这样的机构了，最初被称为“读写算”，以教授国语和数学为中心，也是成年人给孩子们上课的地方。在更久的过去，人们在私塾学习从中国引入的佛学和汉语，学习从荷兰引进的医学知识，也学习素养和实用知识。现在，出现了各种类型的私塾，一个孩子甚至要上好几种类型的补习班。

即使现在，说起普通的“私塾”，多指学习类的私塾。在半个世纪前，那时因为“不懂学校的学习，跟不上”等理由，人们不得已才去了私塾。可是现在，不去私塾补课的话，就考不上理想的学校。这就是专为“应考”而设置的私塾。据说想要考入有名的私立学校，光是学校的学习是不够的。现在甚至发展到开设了从0岁就可以就读的私塾这种程度了。随着“应考”的低龄化发展，最先是专门培训考入有名的私立幼儿园的私塾，接着是辅导考入有名的私立小学的私塾，考入有名的中学、高中的私塾等。在这其中，只要能考上失败率极低、竞争率极高的私立小学的话，接下来就能像坐着手扶电梯一样考入大学了——有些私塾就是为这种“扶梯”式的佳话而存在的。可是，为了进入“应考”专用私塾，等待考生的还有选拔考试。

以上就是我们举出的极端例子，但也是真实存在的事情。有些有名的私立学校，甚至要参考父母的出身、年收，才决定学生是否能入学，这真的是非同一般。

总而言之，日本的中小学生在校外补课，为了考入稍微好一点的学校，每天在私塾学到很晚，回家以后还要继续学习。可是，在这其中，也有些孩子从没有上过私塾，只在学校听老师上课，也考上了日本最有名的学校。

现在留学生不断增加的日本，还出现了很多以留学生为对象的私塾。为了考上日本的大学，在留学生考试中考到好的分数，因此除了平时在语言学校外，很多学生还会在进行留学生考试特别指导的私塾学习。

数年前，某个公立学校聘请运营私塾的公司，作为课外辅导的一个环节在学校里传授私塾的教学内容，这是前所未闻的教学改革。一直处于敌对关系的学校和私塾联手办学，也许是时代多样性发展中所演变出来的教学需求吧。此外，在日本的电视剧和电影中，经常会描述偏差值极低的主人公突然发奋学习，一边在私塾学习，一边以考大学为目标奋斗的场景。这些电视剧电影中会出现很多私塾的场景，有兴趣的话可以留意观看。

有些人可能会说“就算不去私塾，只要在学校里认真学习，就能考上大学。”可是，“私塾”的存在也许是难能可贵的，也许有些孩子的目标是“去私塾学习，在考试中活下来，考入好大学，进入好公司”。可是，最重要的是从“私塾”毕业，进入真正的社会，你能够自立吗？能不能自己思考、行动，成为符合社会有责任担当的成年人呢？

挑战题

1. 中国也有私塾吗？请阐述一下中国私塾和日本私塾的相同点和不同点。
2. 看看私塾流行的现状，你是怎么认为的？
3. 你认为对大家来说，私塾有必要存在吗？

12　你是猫派还是狗派？

对话会话

幸子：妈妈。
妈妈：什么事？
幸子：我们也养宠物吧，养狗怎么样？
妈妈：养宠物的话，还是养猫好吧？
幸子：不，我喜欢狗嘛！爸爸，你喜欢什么？
爸爸：嗯……我也喜欢狗。
幸子：耶！那就这样定了。
妈妈：啊？你们两个都是“狗派”？

小专栏

你是猫派还是狗派？

我们周围有很多人都在养宠物。作为宠物，狗、猫、仓鼠、乌龟、蜥蜴、鹦鹉等各种各样的动物都很受欢迎。其中，最多的宠物还是猫和狗吧？

主人给自己的宠物狗取“ポチ”“シロ”等可爱的名字，把它们当作家庭的一员来养。有些人甚至还自称是“爸爸”“妈妈”，下班回家亲切地和它们打招呼说“ポチ，妈妈回来喽”“小白，我是爸爸哦，今天乖不乖”，然后，和宠物一起吃饭、玩耍、休息。或许，通过和宠物一起玩耍、嬉闹来消除一天的疲劳，是那些“单身狗”及孤寂者最好的慰藉吧？

但大多数人可根据喜好把动物分成各种派别。比如，喜欢猫的人属于“猫派”，喜欢狗的人属于“狗派”。

“狗派”的人说：“狗能听从我的指挥”“回到家的时候，很热情地迎接我”“心有灵犀的感觉很好”，冬天，遛狗的时候给它穿上宠物店里买来的漂亮衣服，有空的时候，还自己织毛衣给宠物狗穿。

另一方面，“猫派”的人举出很多养猫的好处。比如：“和狗在一起，需要一直照顾它们，有时候想一个人呆着”“猫不用像狗一样每天带它散步，所以更轻松”“猫不会像狗一样把房间弄得乱七八糟”。

无论是“猫派”还是“狗派”，那都是个人的自由……但是，要时刻注意，不要因为养宠物而给他人添麻烦。比如，遛狗的时候一定要牵着狗，因为有些人是讨厌狗的，还有些小朋友是怕狗的。平常要好好管束他们，不要让它们半夜发出奇怪的声响或有狂吠的情况发生。

挑战题

1. 你家养宠物吗？养什么宠物？
2. 你是“猫派”还是“狗派”？为什么？
3. 你有没有去过“猫咖”？“猫咖”怎么样？

13　不好意思，您贵姓？

对话部分

王：不好意思，您贵姓？
铃木：初次见面，我是铃木，我是从日本来的，请多多关照。
王：初次见面，我叫王小华，我是宁波外事学校日语专业的三年级学生，也请您多多关照。

小专栏

日本人的名字真的有这么多吗？

日本人的姓种类繁多，据说已经超过了 15 万种。听说在世界上没有比日本的姓更多的国家了。

在日本和中国，姓的来历是不一样的。日本用“名字”表示，而中国用“姓”来表示。中国的姓代表着家族祖先，在古代由皇帝赐姓，在敬重祖先的中国，家族代代沿用同姓，因此种类较少。另一方面日本的姓，在古代只有武士以上身份的人才有，那之后老百姓也被允许可以有姓，所以当时的古人为将自己与他人区别开，听说多是自己取的。后来，到 1875 年法律规定所有国民必须有姓，因此姓的种类一下子就增加了。

话说回来，感觉日本二字的姓较多，而中国和韩国则是一字居多，这是为什么呢？中国的‘姓’习惯使用一个汉字，而日本的姓多来源于地名或自然风景，如“山田”“石川”“木村”等。而且，日本人的姓也有很多复杂的读法，所以对第一次见面的人，最好能进行自我介绍。一边清楚地自报姓名，一边递交名片，一定能给对方很好的印象。如果碰到对方的名字却不知道怎么读的时候，不能随便地读，还是要礼貌地问：“不好意思，您的名字怎么念才好呢？”

挑战题

1. 你知道自己名字的由来吗?
2. 大家都知道的日本人的姓是什么?你觉得这个姓里面有什么含义吗?
3. 对初次见面的日本人,你是怎么打招呼的?请试着编写一个对话。

14 日本的厕所世界第一

对话部分

竹子：出门的时候，你知道最困扰我的是什么吗？
梅子：唔，是什么呢？
竹子：是厕所。也不知道谁用过了，那么脏的厕所，我都不想再上厕所了。
梅子：是啊，据我所知，日本的厕所，最干净了。总是擦得亮亮的，不管是谁使用后都心情舒畅。
竹子：就是，就是！为了下一个人使用，我们必须文明使用才行。

小专栏

为了下一个人保持厕所干净吧！

出门或旅行的时候，谁都会光顾的是厕所。如果可以的话，谁都想使用干净的厕所。你们使用过日本的厕所吗？

日本的厕所非常干净，功能也很多。首先日本的厕所分洋式和和式。所谓的和式厕所是指可以蹲着使用的厕所。而洋式厕所则是坐着使用的厕所。从功能方面来看，比如设有“音姬”这个功能，在厕所我们方便的时候听到的声音，是为了不让上厕所的声音传到外面，因此用音乐代替我们方便的声音。与此同时，为了尽量能节约用水，日本的厕所发明了能实现节水的功能。此外，还有很多功能是以女性和小孩子，还有老年人为对象而设计的。

不可思议的是，不管你什么时候，去哪里，日本的厕所总是非常干净。说句题外话，由于太干净了，已经到了在厕所吃饭也没问题的程度了。反而甚至有人说因为安静，在厕所吃饭很有安心的感觉。在这其中，虽然是极少数的人在厕所吃饭，但也因此出现了“便所饭”这种语言。

那么，为什么日本的厕所能总是维持得这么干净呢？这个答案大概是因为很多人为了让自己使用后，接下来使用厕所的人也能心情舒畅地使用厕所。使用厕所的时候，如果你能想到别人也要使用厕所，厕所就能总是保持干净了。

还有，厕纸也是保持干净的厕所的装备之一，日本的厕纸是完全能融化于水的，所以是可以扔进马桶冲走的。日本的厕所没有臭味的原因之一就是这个了。所以，去日本的时候，我们不能把用过的厕纸放进放在马桶旁边的赃物放置桶里。另外，一次性把大量的厕纸冲掉，或把厕纸以外的东西扔进马桶冲掉的话，有可能会引起故障。外国游客的礼节是否到位是日本现在遇到的一个比较大的问题。

为了下一个人保持厕所干净这种理念，不管是谁都应该学习。来吧，各位！让我们也从今天开始做做看吧！尽我们的努力！

挑战题

1. 与日本相比，中国的厕所有哪些问题？
2. 你认为为了让下一个上厕所的人进入厕所时感到心情舒适，需要下哪些功夫？
3. 如果你来设计厕所的话，你要在厕所里装哪些设备？

15 为了未来的地球

对话部分

春子：奈津子，这个是不可燃性的垃圾？
奈津子：不，那是可燃性垃圾哦。所以，今天不能去扔。
春子：啊？为什么呢？
奈津子：可燃性垃圾是周二和周五扔，今天是周三，是扔不可燃性垃圾的日子哦。
春子：OK。

小专栏

没有垃圾，真棒！

初次来访日本的游客，都会为其整齐的街道、蔚蓝的天空、澄净的空气、洁净的马路所震惊。街上没有任何垃圾，整洁的环境已成了日本的代名词。

日本从1970年代开始进行垃圾分类。起初，仅分为可燃与不可燃垃圾两种。之后，又按照垃圾资源的种类进行回收和再利用，分类也越来越细致。

在日本生活的人不论是谁都会按照自己居住城市的政府发放的垃圾分类指南，来进行垃圾分类处理。他们将垃圾分为“不可燃垃圾”“可燃垃圾”“纸”“瓶子”“罐”“金属”等资源性垃圾、生活垃圾和塑料垃圾等，然后分别装入按种类区分的不同颜色的垃圾袋，一定要在指定的日期、指定的时间和场所内扔垃圾。分好类的垃圾应该在星期几、什么时间扔，扔在哪里，因地区而异。一般情况下，可燃垃圾一周回收两次，不可燃垃圾一周回收一次。其中，有些地方还要求必须在垃圾袋上写上名字。如果在错误的时间丢错了垃圾的话，垃圾不会被运走，会放在那个地方，其后果就是由当地负责垃圾管理的人将错扔的垃圾返还到该居民的住处。所以，正确进行垃圾分类，可以说是在日本生活的极为重要的问题。

虽说垃圾分类复杂麻烦，但却有很多好处。例如，通过垃圾分类，致使日本的垃圾处理量大幅度减少，也解决了马路上的垃圾问题。以大阪为例，2013年大阪市的垃圾处理量，比上年减少了9%。

日本关于垃圾分类规定的细致与严格，在世界上可谓数一数二。像这样严格分类，全民都能老老实实遵守规定的国家恐怕也只有日本了吧。但是，为了保护未来的地球，在地球上居住的所有人，实行垃圾分类是必然趋势。因为只有我们每一个人正确地去做，才能创造一个更加美好的未来。那么，我们大家一起为了垃圾分类而努力实践吧！

挑战题

1. 如果在垃圾分类的处理上打一个分数的话，大家会在满分100分中得几分呢？
2. 垃圾分类为什么很麻烦？
3. 请试想一下在一个没有垃圾的城市，那是怎么样的一种心情呢？

16 万能包袱皮

对话部分

妈妈：今天也真热啊。已经完全进入夏天啦。
女儿：即使热，我也觉得夏天好，因为可以吃我最喜欢的西瓜！
妈妈：是吗？那我们买个西瓜回家吧。
女儿：耶！不过，没有可以装西瓜的大包啊。
妈妈：没关系，我总是带着这个呢。
女儿：是什么？
妈妈：看，什么都能包的万能包袱皮！
女儿：哇，好厉害！

小专栏

包裹一切东西！万能包袱皮

所谓包袱皮，是包裹东西的布，形似现今的手帕。包袱皮开始使用于 1300 多年前的奈良时代，有着传统的历史文化。“Furo”意味着“澡堂”，Shiki 意味着“覆盖某物或铺在地上的东西”。

进入江户时代，出现了付费洗澡的公共澡堂。人们去公共澡堂的时候，用包袱皮把内衣包起来。而且，为了和他人的包袱区分开来，在包袱皮上印了家徽或商号，就诞生了“私人包袱皮”。

洗完澡后，把包袱皮铺在地板上，坐在上面聊天。因此，“包袱皮”逐渐被称为“風呂敷”。

到了大正末期，洋装一开始普及，很多人开始使用时髦的纸袋或结实的皮包，在大街上很难看到包袱皮的影子了。

现在，包袱皮并不是实用品，而多用于赠送礼物。比如，给人送礼的时候，没有包装直接送就显得不礼貌了，通过包装，可以很好地转达你的敬意。

包袱皮是一块布，但是它有很多优点。比如，有各种各样的颜色和材料，根据物体的形状和大小，可以自由自在地改变其形状。包袱皮被称为“万能”的原因正在于此，赠送礼物的人可以一边想象接受人开心的表情，一边包裹各种各样的东西，这是一件非常幸福的事情。像西瓜之类的大水果、红酒瓶、点心盒等，无论是什么形状的东西都能包得很漂亮。

虽然能包裹大东西，但不用的时候可以折叠，收纳时也不会占很大地方。而且，比塑料袋好拿，又不像超市购物袋那样容易破，还可以重复使用，也很环保。无论是自己用还是赠送别人都是不错的选择。

作为一块布，包袱皮现在依然被人们使用。而且，在今后的生活中，它不仅仅是包裹东西的存在，也将会是日常生活中必不可少的“生活之布”而长期被人们使用。

同学们，我们也可以尝试把古老而新鲜的“包袱皮”引进我们的日常生活！

挑战题

1. 你家有包袱皮吗？什么时候用？
2. 试着用包袱皮包裹圆形东西、方形东西、瓶子等各种各样的东西吧。
3. 一起说说包袱皮的优点吧。

17　谢谢你！护身符

对话会话

松子：怎么了？无精打采的。
五郎：明天的高考，一点信心都没有。考不上怎么办？
松子：船到桥头自然直，总会有办法的。
五郎：会吗？你看起来信心满满，难道不紧张吗？
松子：我也紧张啊，但是我有“秘密武器”哦。
五郎：“秘密武器”？那是什么？快告诉我。
松子：是这个啊，这个！“学业护身符”！只要有这个就没问题的。
五郎：什么呀，原来是这么回事啊。

小专栏

祈祷愿望实现

“护身符”是用来驱除恶魔，招来幸福的。里面是写着所奉神明的名字的小木片或者祈祷文之类的纸片。但是，护身符的袋子都是封口的，看不到里面到底装有何物。越是隐藏得好越想看，这就是人的本性，所以有些人出于好奇心会打开袋子看看。但是，最好不要打开护身符，因为一旦打开它就失效了。

护身符付了“祈愿费”才能拿到手。护身符的种类繁多，涉及学业、交通安全、生意兴隆、无病无灾等各个方面。“家庭安全和无病无灾，哪一个都不想舍弃”“没有健康运就没有金钱运，同样如果没有金钱运，健康运可能也会没有”，有选择困难症的人就会犹豫不决到底买哪种好，结果一下子买很多护身符，欲寻求各方面都要得到保佑，但是最好不要过分贪婪。

护身符有装在袋子里的、有佩戴身上的、有吊在车子里的、有放在家中神坛上的，还有贴在柱子上或门上的。

一般送给外出旅游或者做危险工作的家人和恋人，祈祷他们安全和健康。

护身符的效用一般为一年，据说超过期限仍放在身边就不是很好。过期的护身符一般会焚烧处理，最好到购买护身符的原处去归还它。

挑战题

1. 大家有没有在日本求过“护身符”？
2. 你想要什么样的“护身符”？
3. 你怎么看“护身符”的作用？

18　日本是自动贩卖机大国

对话部分

米勒：啊，终于结束了。
吉田：是啊！最近加班多，真是累啊。
米勒：已经11点了，要抓紧时间回家了。
吉田：可是我肚子饿了，去吃点什么吧。
米勒：是啊，我想吃披萨，可是这么晚了，披萨店老早打烊了吧？
吉田：这没问题，附近有披萨自动贩卖机。
米勒：真的？在自动贩卖机还可以买披萨？日本的自动贩卖机真方便啊！

小专栏

什么都能出来！日本的自动贩卖机

现如今，自动贩卖机已经不是什么稀罕之物。在高校里也能看见它们的身影，下课后，很多同学在自动贩卖机买喜欢的饮料喝。

日本有500万台以上的自动贩卖机，从大城市到偏僻的乡下，从机场、学校、车站、银行、饮食店到路边，到处都有自动贩卖机。甚至可以说很难找到没有自动贩卖机的道路，真可谓日本是“自动贩卖机大国”。

而且，日本的自动贩卖机可以买到很多东西。不仅是饮料，还有水果、蔬菜、拉面、披萨、报纸、杂志、伞、电器产品……其种类数不胜数，还有烟酒自动贩卖机、可以给宠物洗澡的自动贩卖机，可以根据年龄和嗜好给顾客提供适合他们的东西的智能贩卖机。有了自动贩卖机，人们可以不用特意外出也可以过非常便利的生活。

那么，日本为什么有这么多的自动贩卖机呢？最主要的原因应该是有良好的社会治安吧。日本很少有自动贩卖机被故意破坏，以及里面的东西或现金不翼而飞的情况发生。

另外，随着日本少子高龄化的现象，出现劳动人口不足，人工费的不断上涨也是理由之一。如果是自动贩卖机，工作的是机器，不需要支付人工费。

总之，自动贩卖机已成为日本人日常生活中必不可少的东西。

挑战题

1. 在大家周围的自动贩卖机都能买到什么？
2. 什么时候会利用自动贩卖机？
3. 如果有机会去日本，请用自动贩卖机买各种各样的东西吧。

19　日本是温泉天国

对话部分

由美：听说日本的温泉很有名，受到大家的欢迎。
奈々子：是的，我也很喜欢哦！泡温泉对身体好，而且非常舒服。
由美：我也想去泡温泉。
奈々子：那么，这周日我们一起去吧！
由美：好的，一起去，真是好期待啊！

小专栏

一起泡温泉吧

日本被誉为“温泉大国”，丰富的温泉资源是大自然给与予国日本的馈赠。全国各地的温泉总数约为 3 千处。对于日本人来说，温泉是日常生活中非常重要的要素。

世界各地都有温泉，与其他国家的温泉不同，日本的温泉不仅仅是一处温泉，它更承载着日本的一种独特文化。自古至今，日本人对温泉都有着特殊的感情，并成为其生活的一部分。日本的温泉历史悠久，温泉的起源、发展形成了火山国——日本，也融合了很多文化和宗教的元素。另外，人们普遍认为温泉具有利于身体健康的效果，从很早之前开始就有很多日本人利用温泉来治病或养伤。

另外，泡日本温泉的时候，有一件令外国人为难的事情，那就是裸体泡温泉。因为在其他国家泡温泉的时候，几乎都是穿着泳衣的。但是，正是这种文化差异，以裸体方式的交流也成为了日本温泉的魅力之一。泡日本温泉的时候，还有一些必须遵守的规定。

如今，日本的温泉产业为日本的旅游业和经济发展做出了很大的贡献，也成为吸引全世界的游客来日本观光旅游的一大魅力。而且，他们通过接触日本的温泉文化，更加深刻地感受到日本人对大自然馈赠的温泉，从心底里珍惜爱护的心情。

挑战题

1. 你认为日本温泉的魅力是什么？
2. 中国的温泉与日本温泉相比有什么不同之处。
3. 假如你打算和朋友一起去泡温泉，请制定一个两日一晚的温泉旅行计划。

20　这是一点小心意

对话部分

本田：初次见面，我是刚搬来的隔壁的本田，今后请您多多关照。
木村：初次见面，我是木村，也请您多多关照。
本田：嗯，这是我的一点点心意。
木村：您这么客气，非常感谢！

小专栏

充满心意的礼物

日本和中国一样都是注重礼仪的国家，都有给关照过自己的人，如学校里的老师，或者朋友送礼物的习惯。选择的礼物有对初次见面的人的心意，也有表示感谢或者道歉的，还有表达对对方的祝福。比如：从温泉旅行回来，给邻居带来的特产，便是其中之一。

在日本送礼的习惯已经成为其独特的文化，送礼的频率与国外比起来要多得多。除了新年的压岁钱，中元节、年末的定期送礼以外，还有生日、圣诞节、情人节、各种纪念日之类的也会送礼。如果亲戚或者邻居生了孩子，从祝贺出生开始，后面庆祝入学、庆祝毕业、成人仪式、结婚、庆祝搬新家等。

另外，外国人喜欢日本什么样的礼物呢？我觉得大家的想法当然是各不相同的，外国的朋友收到什么礼物会很开心呢？带着这样的疑问，我们收集了五种外国人喜欢的日本物产。

筷子：随着日餐的盛行，越来越多的外国人需要筷子，可以感受到日本独特文化的筷子，绝对很讨喜。

扇子：带时尚花纹的日本扇子，在外国人看来也是很有魅力的物件。虽然各人喜好不同，但是比起可爱花纹，古朴的花纹似乎更有日本的味道，也受到了更多人的喜欢。

包袱皮：和风花纹的包袱皮是给外国人的经典特产。包袱皮一般就只有一块轻轻的布，体积不大不占行李也是重要的一点。记住各种各样的包裹方式，也会成为彼此交流、互生好感的一个机会。

和式点心：巧工做成的精致点心，对于外国人来说是异常美丽的。作为配合茶水食用的日本传统点心，虽然有些人觉得有点甜，但是和喜欢的饮料一起品尝的话也是很美味的。

博多人偶：做工细致、高雅华贵的博多人偶，汇集了外国人想象中的日本文化。作为特产虽然价格稍高，但绝对是会留下深刻印象的一份礼物。

日本人重视人际关系，为了维持良好的关系，彼此都保持了送礼的习惯。送礼在日本人的生活中，无论是以前还是现在都发挥了重要的作用。而且，在送礼的过程中，不单单是礼物本身，主要还传达了对对方的一片心意。如果理解了这样的日本风俗文化和日本人的心理，当与日本人交往时一定可以大大缩短彼此的距离，进行更好地交流。

挑战题

1. 大家一般会送什么样的礼物？
2. 关于送礼这个行为，你是怎么认为的？
3. 日本受欢迎的礼物有哪些？

参考文献

[1] 崔鉴，刘彧，崔月黎．东瀛风情日语阅读［M］．北京：外文出版社，2009.
[2] 马兰英，臧运发．日本风俗习惯［M］．大连：大连理工出版社，2008.